致心存善念、勇于创新的时代前行者

边界

金融创新、犯罪的认与知

钱列阳 著

法律出版社
LAW PRESS·CHINA
北京

图书在版编目（CIP）数据

边界：金融创新、犯罪的认与知 / 钱列阳著．
北京：法律出版社，2025．-- ISBN 978－7－5244－0170－4
Ⅰ．D924.334
中国国家版本馆 CIP 数据核字第 202538ZT27 号

边界：金融创新、犯罪的认与知
BIANJIE：JINRONG CHUANGXIN、FANZUI DE REN YU ZHI

钱列阳 著

策划编辑 张　颖
责任编辑 张　颖
装帧设计 汪奇峰

出版发行 法律出版社
编辑统筹 法律应用出版分社
责任校对 王晓萍
责任印制 刘晓伟
经　　销 新华书店

开本 A5
印张 7.5　**字数** 158 千
版本 2025 年 6 月第 1 版
印次 2025 年 6 月第 1 次印刷
印刷 北京中科印刷有限公司

地址：北京市丰台区莲花池西里 7 号(100073)
网址：www.lawpress.com.cn
投稿邮箱：info@lawpress.com.cn
举报盗版邮箱：jbwq@lawpress.com.cn
销售电话：010－83938349
客服电话：010－83938350
咨询电话：010－63939796

书号：ISBN 978－7－5244－0170－4
定价：69.00 元
凡购买本社图书，如有印装错误，我社负责退换。电话：010－83938349

前言

在金融与法律的交汇处寻找平衡之道

金融创新如潮水般奔涌，而法律规范似堤坝般守护。在这潮水与堤坝的交界处，罪与非罪的界限往往模糊难辨，创新与违法的边界更需慎思明辨。《边界》一书，正是诞生于这一充满张力的领域。作为中国金融犯罪辩护领域的初探律师，以我近十年在金融刑法领域的实务经验，将金融人与法律人的思维碰撞、行业壁垒的突破尝试，以及自己对“合法创新”与“越界犯罪”的理解，拼凑成这本理论与实务交汇的小册子。

金融与法律的“双面镜”：创新与规制的永恒博弈

金融的本质是流动与创新，而刑法的使命是秩序与边界。

我认为："金融犯罪与金融创新是一枚硬币的正反两面。"金融人追求效率与突破，常以"擦边球"为创新手段；法律人则需从庞杂的交易结构中抽丝剥茧，将金融逻辑转化为法律思维逻辑和法言法语。这种思维差异，虽是冲突的根源，却也是对话的起点。正如我在徐某操纵证券市场案中的反思：金融人手中的"市场策略"，可能是法律人眼中的"犯罪手法"。

从"苹果树"到"军备竞赛"：专业壁垒的破与立

我借"苹果树"的结构，揭示了金融犯罪的复杂结构：金融事件是果实，金融概念是枝叶，而支撑整棵树的根系则是深藏的金融逻辑与法律关系，土壤则是金融文化的本质。我认为，金融犯罪辩护的本质是一场法庭控辩审"专业知识的军备竞赛"——唯有深入金融行业的肌理，理解证券、基金、数字货币等领域的运作规则，才能精准识别侦查漏洞、构建有效辩护。例如，在违法发放贷款罪、贷款诈骗罪与骗取贷款罪的辩护中，若仅从刑法条文出发，往往难触核心；唯有结合银行信贷业务的实操流程与风险控制机制，方能找到"合规漏洞"与"证据瑕疵"的突破口。

合规与创新的共生：金融安全的未来图景

本书试图跳脱个案辩护的局限，指向金融法治的宏观命题。通过剖析 P2P 爆雷、融资性贸易诈骗等典型案例，我发现了一个残酷现实：许多金融犯罪的根源，实为制度滞后与监管空白。所以，我呼吁法律人与金融人共担“维护国家金融安全”的使命，既要警惕以创新之名突破法律红线，也要避免因过度保守扼杀市场活力，这是一种平衡。我在清华大学金融犯罪防控研究中心的实践——编撰《金融犯罪年度报告》、举办跨行业论坛，期望能够推动金融合规从“事后惩戒”转向“事前预防”。

对话与共治：超越边界的可能

《边界》一书的核心方法论，在于“对话”。我以“法律人与金融人互为学生”的姿态，搭建起跨领域的沟通桥梁。书中既有对证券法注册制改革的刑法回应，也有对数字货币犯罪的前瞻分析；既为金融人厘清“合规红线”，也为法律人提供“行业图谱”。这种双向奔赴的思维碰撞，也体现在紫华金融犯罪研究论坛的尝试中：让金融人听懂刑法的“规范语言”，让法律人理解金融人的“创新密码”。

结语：在不确定中寻找确定性

当今世界，金融犯罪正以“技术化”“跨境化”“隐蔽化”的形态加速演化。面对这一挑战，《边界》并非提供标准答案，而是希望读者以更开放的视野审视金融与法律的共生关系。一个刑辩律师只有心怀法治理想、胸有行业格局、腹有人文情怀，眼中才会有诗和远方。本书的终极目标，是让每一位读者，无论是金融从业者还是法律工作者，在创新与规制的张力中，找到属于自己的——边界之路。

钱列阳

2025 年 2 月

目录

PART 1 第一部分 思维边界

PART 3

第三部分　利益边界

PART 4

第四部分　责任边界

油画《边界》

油画《边界》

金融用时间编织利润，法律用边界丈量是非。

PART 1

第一部分

思维边界

金融犯罪是一座大山，我们要钻到山里头去，只有真正了解他们操作的缘起和手法，才能用刑法的罪与非罪作出最后评价。

金融 + 刑法 = 金融犯罪辩护？

我国刑法中涵盖了 480 多个罪名，其中金融犯罪就有 30 多个。与其他领域的人员相比，金融人这一群体具有明显的特点。他们无疑是极度聪明的一群人，这不仅体现在他们的职业训练上，更源自他们在金融行业中所展现的天赋。这种聪明才智，使金融人在社会群体中脱颖而出。与暴力犯罪、黑社会性质组织犯罪、职务犯罪等形成鲜明对比，金融犯罪的根本差异在于其针对的对象。

相较于其他领域犯罪，金融犯罪的辩护具有其独特性和挑战性。最大的特点在于，金融领域拥有极强的专业壁垒。大多数刑事法律从业人员并未接受过系统的金融专业教育，因此在面对金融犯罪案件时，仿佛走在一座独木桥上，需要跨越重重障碍。这种障碍，不仅体现在金融知识的缺乏上，更在于金融犯罪案件本身的复杂性和专业性。

赖崎[①]先生曾提道，金融领域的犯罪案件，每100起中，我们可能只能发现10起，能破获的仅有5起，最终能抓到犯罪嫌疑人的更是寥寥无几。这种看似危言耸听的表述，实则道出了金融犯罪侦查的艰难。这并非因为侦查机关不努力，而是因为金融犯罪案件的专业性、隐蔽性实在太强，普通侦查手段难以奏效。

为了应对这一挑战，审判机关成立了金融法院，侦查机关也设立了经侦部门，专门负责金融领域犯罪的侦办工作。这些举措，实质上都是在努力跨越金融犯罪案件的专业技术门槛。然而，这一门槛并非轻易能够跨越，它要求侦查人员不仅要具备扎实的法律知识，还要深入了解金融市场的运作规律和特点。

金融领域最新的生产力不在学术圈，而在实务中，它的千变万化都在实务一线，而金融人对于变化往往是秘而不宣的。换句话说，新生产力的代表，第一一直在发展，第二我们却看不到。当他们实施犯罪时，所采用的手法往往超出常规认知——若非亲眼所见或亲身了解，常人难以想象犯罪行为竟能以如此离奇的方式呈现，而这正是其犯罪活动的最大特点。

① 赖崎，金融科技领域专家。

所以没有两个完全相同的犯罪。徐某案[①]以后没有第二个“徐某”了，即使这个圈里的人参考徐某的手法再来一遍，也没有人会一模一样，因为又有新变化了。如今回过头来思考近些年办理的金融犯罪案件，我就发现徐某只能算是“冷兵器”时代的武林高手，现在已经是“热兵器”时代了，大量的技术细节与模式变化很快，并迅速与科技相结合。刑法人还没来得及弄清楚，无论是通过经验归纳还是通过理论解释，金融领域中新的实践操作又出现了。

理论界和实务界的距离不是在缩小，而是在扩大，特别是在 AI（人工智能）出现之后。你晚上打开手机开个视频会议，参会十几个人，你被“忽悠”转 1.5 亿元到某个账户，后来发现那天的会上除了被害人是真的，其他十几个人没有一个是真实参会的，全是 AI 技术。这些新技术迅速被犯罪所用。所以，金融犯罪是一个蓝海，一个深水区，这就要求我们律师也好，法官也好，检察官也好，在办理这一类案件时需要不断地学习。而且，我们要有一个心理准备，那些人比我们聪明且有很高的专业技能，就像两个人打架，其中一个本来体力就比较强，而且手里还拿了武器。

① 徐某操纵证券市场案是中国资本市场极具影响力的标志性案件。徐某作为曾经的“宁波涨停板敢死队”核心人物，在 2014—2015 年，与十三家上市公司等合谋，通过操纵股价、发布利好信息等手段，高位减持套现，严重扰乱市场秩序。2015 年他因涉嫌违法犯罪被采取刑事强制措施，2017 年青岛市中级人民法院判决其犯操纵证券市场罪，处刑五年六个月，并处罚金与没收违法所得。

对我们这些刑辩老手来说，在传统的刑事案件里基本已经如履平地，但是办理金融犯罪案件如同在爬山，而且有的时候山势很陡，即使我们花了很长时间，也不一定爬得上去。我们要办理好金融犯罪案件，就必须钻到山里头去，必须爬到山上去，必须真正了解他们是怎么操作的。只有这样，才能用刑法学理论和实践经验判断这是不是犯罪，委托人也才能听得进去。

金融的本质：时间

杨大康[①]：钱老师，您认为金融的本质是什么？

钱列阳：我认为金融的本质是时间，具体来说在于对时间的精妙运用，核心在于时间差。这个本质在杂技团的“8个瓶子7个盖”的技艺中体现得淋漓尽致。简单来说，如果是8个瓶子只有7个盖，每个瓶子都需要被盖子盖上，盖完就被拿走，然后下一个盖子又盖过来。最终的结果是，8个瓶子仅使用了7个盖就可以都被盖上，多出来的那个“盖”的效益，就源自时间差。这就是金融利润的来源。法律人的思维是8个瓶子就得有8个盖，每个瓶子都得有1个盖；但金融人的思维是8个瓶子7个盖，我要挣那1个盖的钱。

① 杨大康，法律自媒体“大康会客厅”主理人。

再来看第二个杂技，耍球。我两只手各拿一个球，这个没有问题；一只手拿两个球也能应付；但一只手拿三个球就开始吃力了。然而，我如果把球抛起来，我就能控制10个球，甚至12个球。我是怎么做到的呢？通过运转。我借助空间，让球在空中短暂地停留，从而能够同时“掌控”更多球。为了掌控12个球而非仅仅6个球，我就得像耍杂技一样在空中不断地抛接球，这就是利用了空间和时间因素，让我拥有了对更多球的“掌控权”，这同样是金融的运作方式。

周致力[①]：在您刚才的表述中，金融的本质似乎与创新紧密相连。但有一个主体性的问题，如果这12个球都是您自己的，或许可以称作创新或运用。但是如果这些球中有别人的呢？金融能否将别人的球和自己的球混在一起，进行这种时空交换？

钱列阳：我掌控球只是手法，真正给我带来利润的是使用权和经营权，所有权并不重要。比如，你今天给我100万元，我明年的今天给你110万元。如果我把这100万元只是放在柜子里，它无论如何也变不成110万元。我需要用你的这100万元进行分散投资，快速获取回报。这就像我在耍球，我把这100万元分成50万元、30万元、20万元进行不同的投资。

---

① 周致力，北京紫华律师事务所合伙人，证券刑事业务部主任。

比如，30 万元投出去，半年后就回来了，我继续投资，不断地循环投资，最终我获得了 25 万元的利润。所以我能够兑现承诺，给你 10 万元的回报，剩下的 15 万元是我的利润。但如果这 100 万元不掌握在我手里，而是掌握在他人手里，那我就无法进行投资。因此，钱必须由我来运作，我要的是使用权和经营权，所有权归你无所谓。

周致力：所以，您认为所有和占有并不是区分金融犯罪的一个边界标准？

钱列阳：法律人和金融人对于占有和所有的理解确实存在差别。法律人在乎的是所有权，而金融人在乎的是使用权和经营权。就像车子是你的，但我来掌控方向盘，我来开车。作为金融人，你说我用了 10 辆车没问题，这 10 辆车都归你也没问题。只要这辆车是由我来开，我用这辆车进行经营，如去运货、跑长途，最后我把车还给你，并支付租车费，剩下的利润就是我跑车所得的。

周致力：您的描述中似乎有一个前提，就是收益是我们事先约定好的。但有没有一种可能，金融的创新会产生“超预期收入”？比如，我们约定如果赚 10 块钱就按比例分配，但是结果我赚了 100 块钱，那么我能不能单方决定如何处分这项事后出现的超预期收入？

钱列阳：我们之间的约定有两种模式。第一种模式，我租你的车，比如，这辆车价值100万元，我租一年，租金是10万元。然后我用这辆车跑了一年，挣了50万元。既然我们约定的租金是一年10万元，那我就给你10万元，我留下40万元。第二种模式，除租金之外，形成的利润我们各分50%。对于50万元，其中租金10万元，利润40万元，按照各分50%的约定，我们每人20万元，这样你总共拿走30万元。所以，我们之间的约定要么是固定收益，要么是与利润挂钩。

周致力：如果我擅自更改了这种利益分配的模式呢？

钱列阳：这就是违约问题，我认为这属于民事违约。

周致力：这种行为有没有可能构成犯罪呢？

钱列阳：你的意思是金融人隐瞒了自己的超预期收入，更改了事前的约定，是否构成犯罪？通常金融人并不这么看，他们认为超预期收入是自己的智力成果，拿得心安理得。他们觉得，这是我的智慧、我的聪明才智，我就该拿这么多钱。

杨大康：那金融犯罪的本质是什么呢？金融人在“耍球”的时候，怎么会犯罪呢？

钱列阳：犯罪一定是具有社会危害性的行为。一般来说，金融犯罪的受害人是谁呢？主要有两个，一个是交易对手，另一个是社会公共秩序。刑法一定是要保护受害人利益的。在我国刑法中，常见金融犯罪有 38 个罪名（见表 1），其中 8 个是以金融诈骗手段实施的财产犯罪，受害人是被骗的交易对手；其余 30 个是破坏金融秩序犯罪，受破坏的是国家法律规定的金融规则。在这 38 个常见罪名中，金融犯罪要么损害某个特定人的利益，要么破坏规则，要么同时损害两者。如果这两者都没有损害，那就不是犯罪。

表 1　金融犯罪罪名（38 个罪名）

序号	罪名名称	法律条文依据
1	伪造货币罪	《刑法》第 170 条
2	出售、购买、运输假币罪	《刑法》第 171 条第 1 款
3	金融工作人员购买假币、以假币换取货币罪	《刑法》第 171 条第 2 款
4	持有、使用假币罪	《刑法》第 172 条
5	变造货币罪	《刑法》第 173 条
6	擅自设立金融机构罪	《刑法》第 174 条第 1 款
7	伪造、变造、转让金融机构经营许可证、批准文件罪	《刑法》第 174 条第 2 款
8	高利转贷罪	《刑法》第 175 条
9	骗取贷款、票据承兑、金融票证罪	《刑法》第 175 条之一
10	非法吸收公众存款罪	《刑法》第 176 条
11	伪造、变造金融票证罪	《刑法》第 177 条
12	妨害信用卡管理罪	《刑法》第 177 条之一第 1 款

续表

序号	罪名名称	法律条文依据
13	窃取、收买、非法提供信用卡信息罪	《刑法》第 177 条之一第 2 款
14	伪造、变造国家有价证券罪	《刑法》第 178 条第 1 款
15	伪造、变造股票、公司、企业债券罪	《刑法》第 178 条第 2 款
16	擅自发行股票、公司、企业债券罪	《刑法》第 179 条
17	内幕交易、泄露内幕信息罪	《刑法》第 180 条第 1 款
18	利用未公开信息交易罪	《刑法》第 180 条第 4 款
19	编造并传播证券、期货交易虚假信息罪	《刑法》第 181 条第 1 款
20	诱骗投资者买卖证券、期货合约罪	《刑法》第 181 条第 2 款
21	操纵证券、期货市场罪	《刑法》第 182 条
22	背信运用受托财产罪	《刑法》第 185 条之一第 1 款
23	违法运用资金罪	《刑法》第 185 条之一第 2 款
24	违法发放贷款罪	《刑法》第 186 条
25	吸收客户资金不入帐罪	《刑法》第 187 条
26	违规出具金融票证罪	《刑法》第 188 条
27	对违法票据承兑、付款、保证罪	《刑法》第 189 条
28	逃汇罪	《刑法》第 190 条
29	骗购外汇罪	《全国人大常委会关于惩治骗购外汇、逃汇和非法买卖外汇犯罪的决定》第 1 条
30	洗钱罪	《刑法》第 191 条

续表

序号	罪名名称	法律条文依据
31	集资诈骗罪	《刑法》第 192 条
32	贷款诈骗罪	《刑法》第 193 条
33	票据诈骗罪	《刑法》第 194 条第 1 款
34	金融凭证诈骗罪	《刑法》第 194 条第 2 款
35	信用证诈骗罪	《刑法》第 195 条
36	信用卡诈骗罪	《刑法》第 196 条
37	有价证券诈骗罪	《刑法》第 197 条
38	保险诈骗罪	《刑法》第 198 条

所以，一旦被认定为金融犯罪，第一点，要找到是“谁受伤”了。第二点，如果是个人受伤，还要区分这是商业上的正常亏损，还是行为人利用非法手段进行的损害。比如，遭遇美联储降息这种不可抗力，本来能挣钱的却没挣到钱，这种外在原因导致的损失并不构成犯罪，这不是刑法意义上的受害，而是正常的金融风险。破产了，可能只是因为运气不好。所以，受害还要分为非法形成的受害和合法规则内的受害。

杨大康：金融犯罪辩护的难点和要点是什么？

钱列阳：难点在于我们要深入透彻地理解犯罪行为的本质；要点则在于对这个行为作出准确的刑法评价，判断其是否构成犯罪。

金融犯罪就像一座大山，山里头有好多洞，实际上还有参天古树；而有些金融案件则像一片蓝天白云下的草原，一望无际。

电脑会计算，人脑会算计

【实例 1】依某操纵期货市场案

公诉机关指控，被告人依某发现期货市场交易中存在巨量的程序化高频交易，由于这些程序化交易指令均是预先设置的，如果能够发现程序化的交易规律，就可以根据该规律引导交易。

后依某根据自己的推断，建立了人工交易模型，利用程序化交易在无人看管时无法自主更改交易指令的限制，开创了一套“虚假大额反向申报后立即撤单，使自己的真实申报可以优于市场价格交易”的“幌骗型交易”手法。

依某利用该手法，指使他人获取多个期货交易账户，并以一账户、一手机热点、一终端的人工交易模式进行期货交易，非法获利人民币 1.1 亿余元。

公诉机关认为，被告人依某等人操纵期货市场，影响期货交易价格，情节特别严重，其行为触犯了《刑法》第 182 条第 1 款第 7 项，犯罪事实清楚，证据确实充分，应当以操纵期货市场罪追究刑事责任。

上海伊世顿操纵期货市场案[①]中，机器把人打败了，量化交易挣了 3.8 亿元，相关人员涉刑。

我办理的一个案子中，被告人是一位精于算计的人，他并非使用高频交易程序，而是徒手与机器对决。高频交易者通常会在后半夜，大多数人入睡时，将交易程序设置为自动运行，而自己则去休息。被告人则利用这个空当，进行测试。

他首先判断的是，交易是由人手动操作，还是由程序自动执行。因为程序是没有情感的，其买卖行为会遵循预设的幅度。被告人通过发出一系列试探性的交易单，观察成交情况，测算出程序的买卖幅度下限和上限。

例如，如果程序设置为在某只股票 10 元时买入、10.05 元时卖出，被告人就会以 9.99 元、9.98 元、10.01 元等价格发出交易单，观察哪个价格会成交。通过多次测试，他测算

① 上海伊世顿公司操纵期货市场案是一起典型的金融犯罪案件。伊世顿公司通过高频程序化交易软件，操纵大量股指期货交易，影响期货交易价格或交易量，非法获利巨大，最终因操纵期货市场罪受到法律制裁。

出了程序的买卖幅度。

一旦掌握了这个幅度，被告人就会利用这个信息进行交易。他可以在 10.01 元时从程序那里买入，然后在 10.04 元时卖给程序，因为程序没有情感，只要价格符合设定条件，就会自动成交。

当高频交易者早上醒来，打开电脑查看交易情况时，就会发现自己的程序已经被被告人算计，造成了亏损。那么，这种行为是否构成刑法意义上的操纵市场犯罪呢？是否破坏了市场规则，损害了第三方或第四方的利益？还是仅仅是一种正常的商业博弈？

作为辩护律师，如果要为被告人做无罪辩护，就需要深入剖析这种行为的社会危害性。需要考察它对第三方是否造成了经济上的损害，是否破坏了市场规则。如果这种行为没有这样的危害性，那么又怎能称为操纵证券市场呢？当然，刑法评价是我们的本能和“压箱底”的技能，但在此之前，我们首先需要清晰理解行为模式和操作过程，这其实是一个相当复杂的过程。在这个过程中，每一秒钟都至关重要，必须精确把握撤单的时机，否则就可能触犯刑法中的撤单交易规定，即撤掉的单超过了总成交量的50%，也可能被指控为犯罪。这里我只是概述了一个大框架，实际上这是一场人脑与电脑的较量。

内部信息与内幕信息

【实例 2】汪某内幕交易案

公诉机关指控，被告人汪某在 2019 年 1 月 3 日与某上市公司财务总监张某联系，获取了该公司 2018 年利润大幅上涨的信息。2019 年 1 月 5 日，上市公司完成 2018 年合并财务报表，显示 2018 年利润同比上涨 356.14%。2019 年 1 月 16 日，该上市公司发布《业绩预增公告》，将利润上涨情况予以披露。

被告人汪某利用自己控制的股票账户，分别于 2019 年 1 月 3 日、4 日、5 日大量买入该上市公司的股票，又于同年 2 月分批卖出并清仓，非法获利 2 亿余元。

公诉机关认为，被告人汪某非法获取内幕信息，并利用该内幕信息进行证券交易，情节特别严重，其行为触犯了《刑法》第 180 条第 1 款，犯罪事实清楚，证据确实充分，应当以内幕交易罪追究刑事责任。

杨大康：我一直想问，内部信息和内幕信息的界限到底在哪里？

钱列阳：内幕信息在刑法上有明确的定义，即《刑法》第 180 条第 1 款规定的内容。相对而言，内部信息并非刑法概念，而是行政概念。内幕信息有严格的刑法标准，涉及特定主体在特定环境下获取的与上市公司及投资相关的内容。内部信息的范围则宽泛得多，不限于企业经营问题，还涵盖其他相关延伸问题。

因此，我认为内部信息的范围较为宽泛，属于行政范畴；而内幕信息的范围则相对狭窄，属于刑法范畴。就像鸡蛋一样，蛋黄可以比作内幕信息，而蛋清则是内部信息，虽然都是鸡蛋的一部分，但蛋黄（内幕信息）的标准更为严格。

杨大康：在我们处理的案件中，类似的情况多吗？

钱列阳：内幕信息犯罪的情况当然很多。由于内部信息不是刑法中的冲突概念，刑法并不需要明确划分内幕信息和内部信息的具体界限。

杨大康：金融界人士对这方面的理解清晰吗？

钱列阳：我认为他们并不太清楚。首先，在他们的正规教育中，似乎很少涉及金融刑法的专门知识。因此，不仅对于内部信息，而且对于内幕信息，虽有些金融人有所研究，但更多的人并没有深入研究。其次，他们不认为这很重要。对他们来说，信息就是信息。

他们的投资决策并非单纯基于内幕信息，还基于外部信息、内部信息以及自己的经验判断等多个方面。所以，他们并不认为自己犯了内幕交易罪。他们可能会说，作出这个决定，内幕信息只是其中一部分，我还获得了大量其他信息。比如，我旁边的李先生也获得了大量信息，但他没投，我投了，那是因为我们的判断不同。这不是像老百姓那样，接个电话认为这只股票不错然后去投，那是散户的行为。这些金融人并不认为自己是被内幕信息牵着鼻子走，而是基于自己丰富的经验作出综合判断。

周致力：我再补充一句，金融界和刑法界的一个核心差异在于，金融人认为投资决策是多种因素综合作用的结果，而刑法界则可能更侧重于单一因素导致的结果。

钱列阳：没错，金融人认为自己更多的是基于综合判断作出的决策，他们完全可以根据自己的判断选择做或不做。他们可能并不知道，某些行为是犯罪，某些行为不是犯罪。他们的头脑里没有这个观念。所以，他们往往会感到很委屈，认为自己只是基于丰富经验作出的判断，刑法不应该干涉。

用金融逻辑解构刑法逻辑

周致力：在您办理的众多金融犯罪案件中，能否举例说明金融逻辑直接穿透刑法逻辑的情形？

钱列阳：可以打个比方，假设我是一家建筑公司，计划建造 A、B、C 三座楼，每座楼的投资都是 1 亿元。现在，我收到了 1 亿元，而且是一次性到位，专门用于 A 楼的建设。但实际上，我第一年只需要 3000 万元启动 A 楼的项目。那么，对于 B 楼和 C 楼，由于资金未到，它们是不是就处于空置状态？而我手头的 A 楼资金，投完 3000 万元后，还剩下 7000 万元。我是应该把这 7000 万元留着，还是将其同时用于 B 楼和 C 楼的建设呢？

如果我选择将剩余资金同时用于 B 楼和 C 楼的建设，那么当第二年B楼的1亿元资金到位时，我可以再重新分配使用。这样的行为在金融逻辑上看似是合理的，因为它优化了资金的使用效率。但是在刑法逻辑上，这被视为挪用资金的行为，违反了专款专用的原则。刑法认为，你应该等到B楼的资金到位后再开始B楼的建设，等到C楼的资金到位后再开始C楼的建设，专款必须专用。

然而，作为建筑公司，我需要考虑A、B、C三座楼的整体进度。如果B楼的资金迟迟不到位，C楼的资金也只到位了1/10，而A楼的资金已经全部到位，我该怎么办？我必须挪用资金，将A楼的剩余资金用于B楼和C楼的建设，等B楼的资金到位后，我再挪回给A楼或C楼，等C楼的资金到位后，我再做相应的调整。这是最符合金融逻辑的做法，但是并不符合刑法逻辑。

挪用资金罪中的“专款专用”概念，从刑法和行政法上看是天经地义的，但金融人难以接受。他们需要的是资金池，要的是资金的使用时间。我拿到你的100万元后，就会立即放入我的资金池中，与其他资金一起运作。到了明年的今天，我会按照约定给你110万元；2个月后，如果你的另一笔资金也到期了，我会给你120万元。因为我一直在运作资金池，所以有时候我自己都说不清楚，这110万元中的5万元是哪里盈利的，剩下的5万元又是哪里盈利的。

我刚才说的 A、B、C 三座楼的工程就是这个道理。如果我坚持专款专用，那么我只能先盖 A 楼，B 楼和 C 楼就得等着资金到位再说。在金融逻辑下，这样的做法显然不是最优选择。

法律的三级跳跃：实务、立法本意、社会需求

周致力：如果暂且抛下金融和刑法这两个阵营的差异，站在社会总体利益最大化的角度，实际上有时候采纳金融逻辑更合理；在两者边界发生碰撞的时候，不一定是金融往后退，刑法能不能适当往后退？

钱列阳：这就是规范和发展的矛盾。法律是要为金融服务的，法律是为经济服务的。他们是通过规则实现收益，我们是通过规则建立秩序。我们铺铁轨就是为走火车用的。

周致力：刑法和金融的边界对撞时，刑法可能存在的让步空间在哪里？

钱列阳：要明白，法律是为经济服务的，一方面要严格依法办事，另一方面法律如果不够完善，限制了经济的发展，就要及时补充、修订。这些年所有刑法修正案的出台可以说是为了更好地服务于经济发展和满足社会需要。法律不断地完善就是在完善经济的需要，社会的需要，社会变化的需要。

周致力：这个层面已经不是一个纯粹的刑法的边界和规则思维了。

钱列阳：我是站到了社会整体发展上考虑的。我们就是要从实务出发探究立法本意，依据立法本意考量社会需求，再结合社会需求重新审视立法本意，最终将其贯彻于司法实践，三级要来回跳跃。

规范与发展的交集是“合理”

周致力：规范和发展是是非问题、好坏问题以及发展问题的多元混合体吗？

钱列阳：好坏的标准一直在变化中。但从根本上说，好坏和是非是有交集的，即“合理”。你穿这双鞋漂亮吗？是名牌吗？昂贵吗？这些都不重要。重要的是它合脚吗？社会在某个时期这样做是合理的，过一段时间可能就变了。经济发展和法律规范就像左脚和右脚，它们要交替前进，不能一只脚迈得太前，另一只脚跟不上，要不然就会摔倒。所以，所谓的发展就是左脚和右脚的协调运动。这两者的最大共同点在于“合理”。我这一步迈多远，对我的身体来说，取决于我的腿长、身高、体重。所以，你的步幅也应该是根据你的自身条件进行合理选择，而不是盲目地模仿我。每个人最后走出来的路都是合理的。

美国的制度设计好吗？有些制度是好的，但直接拿到中国来可能就不合理，因为中国可能承接不了。合理不合理，都是以社会发展为标准的。

周致力：规范与发展交叉的地带叫“合理”（见图 1），这可不可以理解为，除边界的碰撞外，还有一种边界的交融？不是碰撞之后彼此弹开，而是我们进行融合？

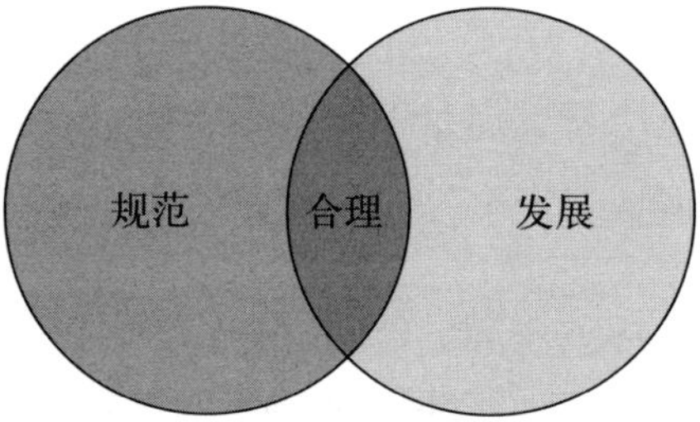

图 1　规范与发展的交集

钱列阳：碰撞后迸出火花然后弹开，这是一种方式。还有一种方式是交融，法律更多地理解金融，金融也更懂得要依据法律挣合理的钱。合理本质的外在表现就是合法。

周致力：您的这种理解思维，是不是也体现了第二次创业的精神，以及这些年我们律所联合清华大学法学院举办“金融犯罪高级研修班”的本意与设想？这也是一种彼此交融的尝试与探索。

钱列阳：是的。

重新发现常识：知识是力量，但常识才是方向

钱列阳：我觉得刑法总得迈出一步去。刑法人普遍来讲比较保守，从本质上讲，这种保守源于一种权力本位，法律人有一种自己是公平正义代表的“权力感”。其实还有一种认为自己是刑法公权力的本位代表，这种居高临下的态度，我觉得恰恰是我们走出去时需要放下的。

所以我总说，刑法人不要站在刑法的沙滩上看金融的大海，要脱下西装，穿着泳装到金融大海里游一圈，再回到刑法沙滩上来。这样，你对金融大海的感觉和始终站在刑法沙滩上对其的感觉就不一样了。我觉得特别重要的是要拿得起，还要放得下。这是我们刑法人，尤其是干了一辈子的老刑法人，

放不下的东西。他们习惯于在讲台上讲课，“口吐莲花”。为什么？因为“知识就是力量”这句话大家都知道，但是在常识面前，知识有时是软弱无力的。有很多知识是错的、幼稚的、不完整的、片面的，因为它违背了常识。

绝大部分执业律师是来自校园的本科、硕士、博士毕业生，对校园课堂知识的理解、掌握是他们对世界认知最初的积累，当他们面对纷繁复杂的社会和人性时，其本质上是一张白纸，确实有些学生是空杯心态，懂得自己是一张白纸，从零开始当律师。但有一些学生，特别是高学历的学生，对于当律师则是信心满满，面对客户“坐井说天阔”，遭遇挫折“怒指乾坤错”，这一切本质上可以说是“高学历”带来的作茧自缚，影响自己在社会实践中不断自我批判、自我否定，吐故纳新。这种现象在律师行业较为常见，但长此以往将成为影响个人律师业务发展的“木桶短板”。在 AI 技术急速发展的时代，放下历史成就的包袱，开动学习新知的机器，是不被这个时代的法律服务市场淘汰出局的关键。

周致力：结合您这些年办理金融犯罪案件的经验与观感，是刑法这个群体更缺常识，还是金融这个群体更缺常识？

钱列阳：这两个群体都是知识群体，都缺常识，都需要与社会实践结合。谁是高手，就看谁能够与实务结合得多；谁拥有的常识多，谁就能在本行业里胜出。有人问林肯一句话：

“一个人的腿到底应该长得有多长？”林肯回答：“至少应该够得着地。”我非常认同这句话。回过头来看，有很多专业人士的腿没有够着地，一直天马行空。

所以，法律的经验在实践而非逻辑。不能老在逻辑天空飘来飘去，要走到实践中。这双脚着地以后，怎么才能不崴脚、不被扎破？靠常识。地面才是常识。你只有一步一步地赤脚走过去，才能知道哪块石头是尖的、哪块石头是圆的。所以无论你是在沙地上走、在粗糙的石头上走，还是在圆滑的鹅卵石上走，穿着大皮鞋是没感觉的，但赤脚走就有感觉了，不是吗？

周致力：所以无论是刑法的逻辑穿透了金融的逻辑，还是反向金融穿透了刑法，其实两者都应该升维到常识。

钱列阳：对于法律人来说，这个常识是实践中社会的变化，是对人心人性的解读。金融人同样是对金融市场的变化，对百姓、投资者人心人性的解读。刑法人是对犯罪嫌疑人人性的解读。金融投资领域，没有人投钱，你光比画也没有用。所以投资的本质是心理解读，是你对他的心理的揣摩，用的是什么？社会经验，这来自常识。

周致力：再追问一个问题，如果从我们刚才讨论的“常识”的观点来看，依某操纵期货市场案其实运用的是交易操作常识，但感觉这种操作常识似乎是突破了刑法的逻辑和边界。从这个视角来看的话，您怎么理解这个案件的实质？在之前的讲座中，注意到您总结说，这其实是利用交易规则，这种对规则的利用打败了对手方的程序化交易设置。案件怎么就突破了刑法的边界？

钱列阳：在吃透了他的金融操作思维以后，我再回过头来用刑法的标准进行衡量，他这个做法是对市场的破坏，还是对一个个体的财产的侵害？如果他们之间是正常的商业博弈，那就理当是有亏有赚，这是合法的。但是，如果我破坏了规则，得到了不该得的钱，或者我损害了其他人的利益，公共规则、利益，那我就要问了：公共规则有没有被我破坏？其他人的合法利益有没有被我损害？在我得到钱的时候有没有破坏规则？如果这三个都没有，那就是一种正常的商业竞争了。

周致力：对于常识的理解，金融与刑法又不一样了。比如，金融领域会认为对规则的利用是合乎常理的，这就是常识，规则难道不是被拿来利用的吗？但是在刑法领域中，对规则利用的理解似乎是不一样的。

钱列阳：刑法完全接受金融人的观点，因为“法无明文规定不为罪”这一条基本原则就迎合了金融理念。只要你没有违反现行《刑法》400 多个罪名中的规定，就不为罪。私权利是任意性规范。咱们两人之间的这种博弈，你昨天晚上的 3

块钱经过我一夜的折腾，到今天早上到我口袋里了，你肯定有损失，我肯定有收益，毫无疑问。

这个时候首先要问，我有没有破坏这个规则？我如果把手伸到你的口袋里将钱包偷出来，这叫盗窃；拿刀架在你的脖子上抢过来，这叫抢劫。如果没有破坏这些规则，而是一种交易行为，那就没问题。至于说交易，你全权委托杨大康跟我交易，而其经验不足，或者其算术不好，以至于我跟杨大康在做交易的时候，他把本该涨价的都没涨价就卖给我了，但我没有坑骗杨大康，那我就不违法。如同我专门从事咖啡生意，了解咖啡品质的好中差档次，但是我把低档次的给你，懂行的来了，我把高档次的给他。我认为，把好的给你和把差的给你，喝到你嘴里都是一样的味道。所以我收 15 块钱但给你一杯 12 块钱的咖啡，我就要挣这 3 块钱。

周致力：这里有一个隐含的问题，就是你隐瞒这些知识或信息，我作为咖啡的消费者，有没有义务自己去补足？或者反言之，你有没有义务主动告知？

钱列阳：可以补足，也有的人懒得补足。有的人觉得，有咖啡喝就行了，我一年喝不了两杯咖啡，花那么多时间和精力去补足，对我来说是不值当的。我一年就喝两杯咖啡，干吗去学咖啡的烘焙？这对我来讲并无必要。需要补的东西太多了，咖啡只是其中一种，还有茶、汽水。

周致力：所以金融利用知识和信息的不对称，利用这种专业壁垒，一定是犯罪吗？这似乎也是个常识。但有没有可能属于诈骗犯罪？

钱列阳：事实上是有可能的。关键看我有没有告知的义务。有，那我就违法了；没有，那我为什么告诉你？你自己去学，学完了以后你就可以来跟我要高品质咖啡了。

周致力：补充一个案例，关于交易的边界问题，就是银行销售委托理财产品属不属于放贷款行为？是不是涉及您说的"告知义务"问题？在销售理财产品的时候，银行应当主动明确告知吗？

钱列阳：这要看在银行领域的相关规定中，法定义务中有没有告知义务。

客观事实与法律事实

杨大康：钱老师，您接触的金融人对“举证”这一概念是否敏感？

钱列阳：他们大多对此不敏感，甚至不在意。一方面，他们很少留下白纸黑字的记录；另一方面，有些人甚至非常排斥规章制度。他们的创新思维导致计划总是赶不上变化，因此需要随时调整。相比之下，法律却显得僵化，因为法律追求的是法律事实，而非客观事实。客观事实加上证据，才能构成法律事实。

金融犯罪案件的最大问题在于，客观事实很清晰，法律事实却模糊不清，这主要是因为客观留痕太少。如今技术手段虽有所进步，但金融人缺乏规范操作的习惯，未必每一步都签字。相比之下，财务人员非常注重留痕，收款和付款都要有签字。法律人士也同样注重留痕，但金融界从上到下没有这个习惯，说变就变。这使许多金融人感到委屈，因为客观事实符合逻辑，但法律事实缺乏证据。

周致力：金融人具有创新思维，这种思维要求松散型管理，因此在共犯层面的举证难度较大。这是我从微观到中观再到宏观的三个层次的理解。我们走访金融公司并与他们交流时发现，他们似乎没有刑事证明的概念。

钱列阳：处处留痕确实很难，成本也很高。就像猎豹追捕黄羊一样，黄羊的每一步都不是直线奔向目标，猎豹却能紧盯黄羊的变化进行调整，最终成功将其捕获。金融市场也是千变万化的，早上开盘和晚上收盘的情况往往出乎意料。因此，金融人必须不断调整策略，这是行业特点。当这种行业特点涉及犯罪问题时，证据尤其难以掌握。有时甚至没有证据，仅靠逻辑就能定罪。比如炒股，没有证据表明你昨晚去了岳父家，而岳父正好是上市公司的董事长。但你和他接触过，一起吃了饭，然后第二天你就大额抛出或买进股票。

周致力：客观来说，我们不能简单地认为金融领域犯罪的共犯认定困难是法律规范模糊或刑法立法不完善等原因造成的。我们应该从内部找原因，公司的管理不能过于松散，应该适当地规范控制，做好书面留痕工作。

进步在于降低纠错成本

钱列阳：金融人不适应行政机关的管理模式，因为纠错成本差异大。制度内纠错成本更高，而金融人追求自由决策，以降低自我纠错成本。金融行业的这种特点，给我们法律人带来了很大启发。

周致力：这也验证了我们之前的观点，即从思维或哲学层面看，金融行业的最大特点也是其最大弱点，在刑法领域可能就成为致命弱点。比如，客观事实难以转化为法律事实。某种程度上，这似乎是一种悖论：若要求留痕、举证意识强，金融就很难保持灵活和创新。

钱列阳：不要害怕犯错误，重要的是及时改正。我们现在因为犯错成本太高而不敢犯错，甚至选择“躺平”。犯错是不可避免的，关键在于犯错后能否迅速改正。比的不是谁犯的错误少，而是谁的纠错机制更健全，让所有人都敢于犯错，这才是良性循环。

杨大康：金融领域人士对行为代价的理解，与刑法人的理解存在差异。

钱列阳：他们大多只有违规概念，没有违法概念。因为他们没学过刑法，金融学院不开设金融刑法课。他们缺乏刑法思维，满脑子都是金融思维，没有刑法中罪与非罪的思维。他们认为自己在打擦边球，但实际上可能并非如此。金融人认为自己的行为只是违规，最多罚点钱，却没想到可能构成犯罪。

杨大康：如果他们面临刑事法律风险，第一时间需要做什么？

钱列阳：他们需要专业的人为自己辩解。金融人希望找到既懂金融又懂法律的人，因为决定他们命运的人往往不懂金融。我们律师要沉下心来听他们讲述金融过程，了解他们的金融逻辑、思维和知识，然后翻译成刑法语言，进行专业抗辩。

周致力：关于金融违法与金融犯罪的边界，刑法领域采用量化标准，金融领域对此可能感到困惑。

钱列阳：金融人可能不理解为何只要达到量化标准就会被机械地界定为犯罪。他们觉得 29 和 31 之间差别不大，就像 60 分和 61 分差别不大一样。但实际上，法条中的阿拉伯数字是非常重要的，一旦规定了数字标准，那就是实践中的铁标准。我们法律人最喜欢用阿拉伯数字进行衡量，因为这样既容易定性判断，又具有很强的实操性。

周致力：辩护的一个基础功能是答疑解惑，有时办案人员可能没向金融人解释清楚成立犯罪的核心点。

杨大康：金融人可能觉得自己行为的危害性并不大，甚至客观上还帮助了很多人。

周致力：金融犯罪行为可能从表面上看没有造成实害结果，但对秩序、制度、规范形成了冲击和挑战，这也是应当进行刑事处罚的缘由。

钱列阳：金融领域需要具有规范意识，而不仅仅是创新意识。金融需要法治化规则的约束。

周致力：金融人可能不理解法律体系中的有些规则制度设计，如无过错责任和专款专用等。

钱列阳：金融人很难接受无过错责任，他们觉得凭什么自己错了要让别人买单。对于挪用资金罪，他们也难以接受，因为金融讲究资金的流动性，不喜欢资金僵死在那儿。

周致力：包括举证责任，如果证明不能，客观事实无法依靠证据转化为法律事实，就得接受由此导致的法律后果，这是规则的刚性。

钱列阳：我们律师经常给客户讲法律事实和客观事实的区别，但他们往往将其混为一谈，不接受这个概念，甚至将内心事实也搅进去。

周致力：这常常涉及独立辩护的问题，辩护律师应当保持怎样的立场与策略？是迎合当事人的内心事实，还是偏向他们认为的客观事实，抑或坚持独立的法律辩护？这也是常见的辩护伦理问题，是求是非还是求好坏。

比结果更重要的是结果产生的过程

杨大康：金融人能否理解律师的独立辩护权？

钱列阳：我与金融人的几次思维交锋，都卡在了这个环节。后来我发现，当我问他们是追求是非还是追求好坏时，他们无疑会选择好坏。然而，接着他们会问，好坏的标准是什么？你给我一个结果，除非这个结果正合我意，否则，我如果不知道这个结果是如何产生的，就不会认为这是个好结果。因此，他们要求我把结果产生的过程详细告诉他们，然后说明从你这个观点到我这个观点，这个过程中其实还有好几条路可以走，为什么不走那条路？那条路可能更快，怎么能证明你选择的这条路是对的？这时候，表面上看他们是要一个好的结果，实际上他们追求的是要看到说服的全过程。这一点非常棘手、非常困难。要向他们解释中国司法实践涉及的法律法规、司法解释、司法实践等多个维度，那太累了。他们有足够的智力与你较劲，就像每当你端起一杯咖啡时，他们都会问你为什么用左手？你刚才为什么不用右手？你其实可以用右手递给我那杯咖啡的。然后你得反复解释左手离我近、右手离我远等，你得证明你的右手正好受伤了，所以你才用左手。对我们法律人来说，案件当事人有时候就是这种状态。

我前些年曾读过一套畅销书，叫《藏地密码》，厚厚的10本。书中有一个情节让我拍案叫绝。男主人公拿到一张羊皮，上面画的是青藏高原，其中有很多路线图。他经过研究后，觉得和地面上的差别非常大，于是就去找一位专家，说这个图上的东西好像跟我们现实中看到的差异很大，虽然地面是有变化的，但也不至于这么大。那位专家说了一句，这个啊，是青藏高原的地下水系图。他听后差点儿从椅子上摔下来。地下水系是立体的，是三维空间；地表的图是二维空间。马路交通是二维空间，如果把北京的地下工程图拿出来看，那就是三维空间。北京的地面交通图是很容易找到的，但是很难拿出一张完整的北京市地下工程图，地下各种水管、地铁交织成网。三维空间是立体的，不是二维的。金融案件的当事人就给我提了个三维要求，不仅要告诉他怎么走，还得告诉他10条路里面有9条都走不了，这是唯一的路。这是辩护工作很难的一个方面。所以青藏高原的表面图很容易画出来，铁路、公路、土路都可以画出来，但地下水系图呢？

杨大康：金融人思考问题是从三维的角度出发，但是一旦进入法律领域，其实就很难按照他们的思路自圆其说，因为法律有特定的解释逻辑，是这样吗？

钱列阳：是的，所以实际上军队的效率最高，成功率也最大。如果你说，首长，其实我们还有另外两条路可以攻击敌人，为什么不走那两条路？即使按照首长指出的路线，多走了 20 公里，也得先行动。总比口头辩论两天，停下脚步什么都没做更好。因为很可能辩论几天后再行动，时机就错失了。即使绕点远路，等到发现绕远时事情已经做成了。成了不就成了，多走 20 公里就多走了。这就是服从命令所带来的效率，这就是军事化的逻辑——行动胜过空谈。如果客户对我们不信任，那就永远有说不完的话，说服成本会提高，甚至他们还要了解全过程，要看到“地下水系图”。

周致力：借用您的一句话来说，这需要大家各司其职、各安其位，形成合力去努力探索。边界的一种作用是约束，另一种作用是协调。当各方发生碰撞时，得各让一步。金融领域不能简单地认为刑法的约束性太强，如果其不爱踩刹车，开到 200 码也可以，但至少得绑个安全带。

钱列阳：但是金融人会说，绑了安全带会束缚我驾驶技术的发挥。我相信没有了安全带，我的技术只会发挥得更加充分。我在悬崖边上怎么开都不会掉下去，即使真有一天掉下去了，他们也会说，是因为你的安全带束缚了我临时打方向盘。本来一打方向盘就可以调整好，他们有这样的自信。他们相信，只要没有束缚，根本就不会掉下悬崖。别说死了，伤都伤不着，剐蹭都不会有。依靠我的驾驶技术在悬崖边上开了这么多年车，多次化险为夷，那就是我的技术高。他们是这么考虑问题的，就是这样一种思维模式。

周致力：您认为的理想状态，其实是是非与好坏两者之间应该有的交叉地带？

钱列阳：是非和好坏有一个交叉点，过程和结果也有一个交叉点。引入这两者的交叉点，那个交叉点就是：正义必须以看得见的形式表现出来。所以金融人要的是看得见的形式。如果我对你很崇拜，你给我喝什么都是最好的，我根本不会多想。但如果我对你不崇拜，你给我喝这杯咖啡，我就会想，为什么不能喝茶、喝汽水呢？你得证明茶、汽水不好，只有咖啡是最好的，我才接受。这样是不是很痛苦？所以我现在越来越发现，比结果更重要的是其产生的过程。这是人性的特点，他的心理要得到满足。我死可以，但我要知道我怎么死的。从某种意义上讲，他的心理欲求是人性中的正常需求。

律师办案要追求一个法律上最好的结果，但委托人、当事人不一定都理解，他们有自己内心的最高、最低期望值，这种沟通能力和最终效果是对律师软实力的考验，如登山运动员爬山一样，最终是否登顶不取决于山的高度，而取决于山体的陡峭度。有些客户比较难沟通，不能与其达成共识。所以律师在追求客观法律结果的同时要兼顾客户的主观感受。

周致力：所以有一种正确是不是将错就错？

钱列阳：不是将错就错。对错实际上是在用自己的标准衡量别人。没有对错，我用自己喝茶的标准衡量你喝咖啡就是错的。可是我换位思考一下，你此时最想喝的是咖啡，不是茶，所以凭什么我端了个茶杯，就说你喝咖啡是错的？我是在用我的标准要求你，你当然就是错的。只要换位思考一下，你就是对的。

周致力：那您认为具体的标准是什么？

钱列阳：可能谁更贴近人性，谁就能胜出。有些案子打得并不算很理想，但客户会送来锦旗；有的案子打到最好了，客户却要求律师退费。为什么？因为你没有兼顾客户的主观感受，而是只锚定在案件法律事实和客观证据上。没有超越案件看人性。

周致力：这种心理特点在金融领域是不是更明显？

钱列阳：因为他们很自信，越是自信的人越要过程，盲目的人就只要结果。

我们以前看的电影里，爸爸死前拉着儿子的手说了一句：要听话。这是盲目。父亲认为孩子们不能质疑，要绝对服从、执行。这时候不需要解释过程，只需要盲目地跟从。于是我成了你思想的执行力，而不是制衡力。如同刑法需要的是不折不扣地执行，不得突破边界。

周致力：您认为刑法的权威是否源自其制裁力量？这可能也是金融人士心中反复权衡的问题。

钱列阳：刑罚是公权力中最具强制力的手段。说实话，刑法的制裁性往往会让金融领域的人士感到不适。他们希望用道理来说服，注重过程，刑法却以制裁的结果昭示道理。这种状态，金融人在心理上难以适应。金融是商业行为，是平等主体之间的交易，而刑法则是一种权力行为，两者的维度截然不同。因此，有些金融案件的当事人，即便交易亏损了上亿元，也毫无怨言，他们认为这是平等交易中的输赢，愿赌服输。然而，如果直接罚没他们上亿元资产，且法律说理不充分时，他们内心就会难以接受。

周致力：金融人追求的正义与刑法所体现的正义并不等同，

而是一种需要平衡与调整的关系。

钱列阳：只有让我了解过程，我才能心悦诚服。这其实符合人性的标准，是一种进步。而居高临下的盲目服从，则是另一个层面。这也迫使我们刑法律师要与金融人进行平等、通情达理的沟通，跨越专业的壁垒，跨越案情手法的复杂多变，最终与他们达成共识。作为金融犯罪的刑辩律师，我们更需要与他们进行充分有效的沟通。

我曾有个案件的当事人，是一位企业老总。他在交办工作时，下属如果说这事不好办、违法，他常挂在嘴边的话是："这要好办我还交给你啊？你把事给我办成，怎么不违法、怎么不把事情搞砸，那是你的事。"意思是，我叫你来就是让你把这事办成的。

这就让我想到一个人坐在飞机上看飞机降落。太阳把飞机投影在地面上，这时候地面上有街道、大树、楼房，飞机的影子在降落，离地面比较近的时候就在楼房上掠过，那么，这底下是否有一辆汽车在跟飞机的影子比谁快？答案一定是飞机的影子快，为什么？因为飞机根本不必考虑楼房、大树、红绿灯，直接一掠而过，而地面的这辆汽车无法跟天上的飞机比，其不能去撞树、撞楼，还得符合地面交规。

我们律师就像是地面上的司机，而很多金融老板则是开飞机的驾驶员。他们在天空中有自己的航线，驾驶飞机前行时，是不受地面交规、楼房和大树限制的。因此，他们与我们会有完全不同的价值观。他们无须考虑红绿灯，而我们律师开车时，必须遵守交规，可能得绕好几个弯。所以，同样的一件事情，他们认为很简单，我们却认为很复杂。我们认为这是最好的选择，而他们还想知道选择的过程。

周致力：金融刑辩需要两次握手，第一次是与具体的人握手，第二次是与人的思维认知握手。

钱列阳：有些身份显赫的人士对自己的健康非常在乎，每次都要把他们的专家医疗团队叫来，逐一分析他们身上的病状，该用什么药。他们不仅要知道用什么药，还要知道为什么用这些药。我相信医生会感到非常烦恼，因为其在医学院学习了多年，又在实践中积累了多年经验，才达到今天的水平。比如，有人非要知道这杯咖啡到底是由什么元素组成的，是什么品牌的，是不是烘焙的，是不是来自埃塞俄比亚的；等等。一大堆问题，你说烦不烦？所以，有些人的病是被这种束缚和压力耽误的，因为医生没有办法在这种束缚下剑走偏锋。于是，所有人都耐着性子向他们解释，他们一定要心里有数，而不是把自己的命完全交给医生。最后，病情就这样被耽误了。

这也就是华佗比他大哥和二哥有名的原因。大哥治未病，二哥治小病，他治绝症。所以，到了绝症的时候，把人救活了还剩半条命，你都会感激我。其实，两年前我曾告诉你，你只需要多喝两杯咖啡就能好转，但你听不进去。所以，让你知道过程是让你感觉舒服的重要一环，除非你对我盲目崇拜。这个过程非常消耗能量和精力，如同把青藏高原地下水系都摸一遍之后，再决定走哪一条路是正确的。

我有个案件的当事人，法官送达起诉书时他不收。法官问他原因，他说起诉书上写着“附案卷 48 卷”，他要把附的 48 卷案卷连同起诉书一起收，因为那是附件。法官和书记员说：“既然这样，你就拒收吧。”他说：“我没拒收，我要收，但我要收完整的。除非你把起诉书改了，去掉这个‘附’字和附件。”最后，我跟这位当事人说：“我给你 ABC 三个方案。A 方案，你绝对听我的。B 方案，我按自己的思路走，同时给你找一个你满意的律师，这位律师按你的思路走。咱们一起爬一座山，我爬南坡，你爬北坡，各爬各的。我从法理上讲，你从道理和情理上讲。C 方案，我退出，你一个人说了算。”他就是想知道所有结论产生的理由，然后所有选择的理由都要用尽。从你的办公室到我的位置有好几条路，你为什么不能绕？绕远是不是路更好走？是不是挡你的椅子更少呢？你为什么只从这儿走过来？他每个环节都要问。我专门给他推荐了一个律师，让律师回答他所有的问题。这就是我的折中方案。按我以前的性格，早就拂袖而去了，因为没精力也没必要给他详细讲“青藏高原地下水系图”。

杨大康：从第三人的角度来看，他们为什么会有这种思维方式？他们分析投资情况时，确实是挖地三尺、穷尽各种信息，透彻分析这个企业的走势情况后，才得出一个投资与否的结论。他们平时业务就是这么干的，所以遇到事了是不是也这样按部就班地要求？

钱列阳：在本职工作中，他们是总设计师、决策者、一锤定音的人。结果对他们来说是第二位的，结果产生的过程才是他们关注的要点。这使他们养成了习惯，每投资一个产品都要问：为什么要投？什么时候投？投多少？背后都有一堆理由。他们是在这堆理由中经过反复分析比较后作出一个决定，这已经是他们的习惯了。所以，除非他们对你有一种盲目的信任和崇拜，否则他们不会交权。他们会本能地认为，要将法律服务行为直接转化为他们理解的一种商业行为。

就像医疗行为，如果也要转化为他们熟悉的工作行为，就会很麻烦。比如，把医护人员都叫过来，问："我这个手术有没有必要动？不动会怎么样？动了会怎么样？微创会怎么样？"医护人员快累死了，反反复复研究。最后终于决定做手术了，再一查病灶已经转移了，耽误了及时介入治疗的时机。在这个过程中，不能期待有哪位医护人员跳出来拍着胸脯说："你们就听我的，马上做手术。"他们会反问："你凭什么这么讲？你敢保证吗？"医护人员的同行也会不满，认为："就你能耐。”所以，任谁都不会拍着胸脯说：“就交给我来办。”

杨大康：很重要的一个启示就是换位思考。如果遇到这种事情，他们最佳的选择应该是相信专业人士，而不是按照自己的惯性思维逻辑去判断事情。

钱列阳：基于过往成长经历带来的信心，他们坐到如此成功的位置，事必躬亲惯了。自己的健康何等重要，我要做手术，我要充分论证手术的必要性，然后再说这个是微创还是大手术，再说这个手术谁来做、怎么做、什么时间做、春夏秋冬哪个季节做更合适，我得考虑一大堆因素。这个时候我的某个指标太高，所以要将其降下来再做，不然的话还会有各种危险。

这种情形，是不是又要详细了解“青藏高原地下水系”？其实上去一刀就完事儿了，在老百姓这儿一下就解决问题了。

杨大康：比如现实中有很多案件，你认罪认罚了可能结果会轻一些，不认罪认罚可能就会重一些。但他们有时候会想不通。

钱列阳：但是他被判了实刑，如果把全部过程都捋出来了，他自己认可，那也没什么问题。让他心里舒服更重要。当然有时真听了律师的话，可能不至于判这么重。各自评价的角度和标准不同。这时候，就只能是一声叹息。

因此，我认为，既然我们律师的工作并非仅仅局限于阅读，而是通过读书来深入理解人，那么我们就应当能够达到这样一种境界：解读当事人的内心世界，或许比单纯研读法律条文本身更为重要。法律条文读完便告一段落，探寻人的内心却需要抽丝剥茧般层层深入，这是一个解读人心与人性的过程。这个过程确实需要足够的耐心，因为每个人的内心世界都是独一无二的。

我相信，对于那些专科医生来说，每次进行的各种论证都令人头疼不已。在我这里，类似的小病症，半个小时之内，我就能带着学生们处理完毕。他们（医生）却还要反复论证，考虑血压、血糖、心率，以及实施手术后可能存在的风险等。

杨大康：我感觉医生与律师的职业其实很相似，都需要对用户（或称为当事人、病患）进行画像分析。金融领域的人士也喜欢使用“用户画像”这个词，强调必须亲自进行分析，以判断哪个方案或方法最适合自己。然而，从事情本身的角度出发，专业的事情应当交给专业的人来做，但他们（非专业人士）可能很难直接做到这一点。

“三维法律”
——从逻辑到经验再到实践

周致力：金融领域可能对信息、资金、交易极为敏感且专注，但是在对人的感知上相对迟钝，这既是其优势，也是其短板。法律领域则需要更广泛地了解真实的社会生活百态，更贴近具体的人。

钱列阳：一个人如果太过聪明，往往就缺乏智慧。如果他一直沉浸在“我比别人聪明”的赞誉中，他怎么可能沉下心来孕育智慧呢？一路都是最优秀的学生，从来都是学校里的佼佼者，他怎么可能去体会那种考试不及格还要参加补考的学生的心理？所以在他考入名校后，发现自己比不上其他人，甚至还被羞辱了一番，从小到大都没受过这样的羞辱，想不开就走了极端。这种一路顺风顺水的人，一旦经历挫折就受不了，内心会崩溃。

周致力：您曾借用《三体》中的例子谈到了从三维到二维的过程。这种升维过程是不可逆的，即二维可以升到三维，但三维为什么要降到二维呢？

钱列阳：法律的生命在于经验而非逻辑。这句话告诉我们，法律是三维的，不是二维的。逻辑是二维的，而经验是三维的，它多了一个实务的立体维度。在象牙塔里的学生时代，我们谈的是二维的逻辑，但符合逻辑的同时还要进一步追问，它符合实务的真实场景吗？有时候想得都对，但一做起来就全错了。因为逻辑不允许跳跃，要环环相扣，而实务中却常常需要剑走偏锋、出奇招、跳跃和跨越，那是三维的，又多了一个人的要素。逻辑是看不到人的，而人是会变的。按逻辑就得一步一个台阶地走，在现实中三步并作两步上去不是很正常吗？

纸上谈兵是二维的，实践出真知是三维的。从维度思维的角度来看，你就很容易理解纸上谈兵的这些二维思维了。当然，也有些人固守二维思维，不愿意跨越到三维，就像井底之蛙一样，认为头顶上的那片圆天就是世界上最大的天，拒绝爬到井沿上来看天，宁愿坐井观天。

我们要跨越思维的维度。金融人有的处于二维思维状态，有的则处于三维思维状态。我们律师往往在二维和三维之间徘徊，这是法律专业给我们的限制。有时候我们甚至需要跨越到四维，再来看三维和二维的问题，就像背负青天朝下看一样。这个时候我们需要提升认知的思维高度，用高度的思维包容低度的思维。

比较源于经验，选择源于自信，判断源于性格

周致力：整体而言，我几次访谈的感受是，随着您年龄和阅历的增长，您的思想体系已经从原来的法治化命题拓展到了如今的金融法治化命题。相较于传统犯罪，金融法治化的法律内涵是不是具有不同的特质？

钱列阳：传统犯罪者中文化素质不高的情况较为普遍，律师在话语、专业和社会阅历等方面都具有明显优势。金融人则不同，他们拥有足够的智力，需要全面了解整个过程。实际上，走上金融犯罪辩护这条路，最吸引我的就是金融人的高智商，这让我感受到了一种压力与挑战。

杨大康：是不是因为金融人善于做选择呢？

钱列阳：他们更善于做比较。他们不会轻易抓住一个选择就不放，那是不自信的表现。自信的人会遍访多家，最后根据自己的判断作出选择。

周致力：选择、比较和判断，这是三个不同的层面。

钱列阳：没错。比较源于经验，选择源于自信，而判断则源于性格。

第一个层面是比较。比较源于经验，因为经验给人自信。自信的人不会抓住一个选择就从一而终，他们会多看看，哪个更好、更合适。这种类型的人在社会上往往比较成功，或者至少见过大世面。想想刚刚走上社会的人，恨不得见到的第一个机会就抓住，就是因为他们骨子里没有自信去寻找第二个选择。

第二个层面是选择。选择源于经验之后的比较。这有很好的川菜，那有很好的东北菜，还有很好的西北菜。我经过比较，知道自己从小在江浙家庭长大，所以更适合的是江浙口味。知彼知己，才会有选择。有比较之后才有选择，选择是因为我知道什么是对的，而且很自信地知道我是江浙人，我的口味是咸鲜口，不是麻辣口，也不是东北的咸口。我即使生活在北京，也仍然知道自己爱吃什么。

第三个层面是判断。判断源于性格。最近有一件事让我感到很纠结，家人鼓励我写毛笔字，结果我装备都买齐了，写了几天却写不下去了。一方面，我确实太忙，写毛笔字需要静心，而我脑子里的事情太多，静不下心来。另一方面，我知道这是自己的性格问题。写毛笔字的人太多了，我干吗要随大流？我钱列阳从来就不喜欢随大流，我喜欢特立独行。金融犯罪辩护没人干，我钱列阳干，这是我的性格。我不合群、不合作，随大流对我来说是最省事、最省劲的，但那样我太压抑、太难受了。我在大所当合伙人这么多年，就觉得憋得慌，所以选择了攀登金融犯罪辩护这座"珠峰"。现在学写毛笔字的时候，我发现学的人这么多，有种都在那里秀风雅的感觉，我怎么能进入这个大群体中呢？这跟我的性格太不适合了，大家都干的我就不想干了。

周致力：这是一种生命状态触发的人格魅力。

钱列阳：后来我就觉得，除时间这个表面的障碍外，真正的障碍是心理障碍，是我要跟着一大群人做同一件事情。

周致力：比如在公园地上用毛笔蘸水写字。

钱列阳：我相信最漂亮的某些字就是在地上写的，因为成本低，心里没负担，反正一会儿就干了。而艺术这种东西需要心里没负担才能发挥得好。你动一下就损失巨大的时候，就只能循规蹈矩，别出问题就行了，无须创新。当看到竹雕的时候，我就明白了为什么其艺术性是最高的，因为试错成本低（有的是竹子）。“性格决定命运”，这句话背后的意思就是最后的判断源于性格，这个判断决定了他到底往左走还是往右走。

认知预判与思维差异

杨大康：金融犯罪案件的当事人有没有类似问题解决“窗口期”这种概念？比如，能够认识到问题解决宜早不宜迟，能一审解决不拖延到二审。

周致力：举个例子，假设一条胡同长 10 米，一辆车开到 9 米处掉头、开到 5 米处掉头和刚开 1 米就掉头，哪一种掉头的方式更容易？案件走到申诉再审，等于车都已经开到 9.9 米处再掉头，能够腾挪的空间就很窄了。因此，就刑事辩护而言，及时决策，不错过“窗口期”是很重要的策略。所有解决问题的动作都要前移。

钱列阳：这个的差别是认知。有的人走到 9.9 米处才意识到胡同到头了，有人走到胡同口，就知道这是一条死胡同，这是两个人的认知差异。现在网上大家都在谈认知，的确如此，有时候两个人争论半天，其实就是认知差异。胡同口两个人在争论，一个人说能走通，另一个人说走不通，这不就是认知差异吗？所以，认为能走通的人走到9.9米处发现走不通了，认为走不通的人在1米的地方就掉头了，其实两个人都想走通。

最近代理的一个案件，我对被告人讲，这个案件如果按照他的要求进行下去，他会判10年以上有期徒刑，然后被告人告诉我他相信判决之前上面会有其他转机因素，所以我们要坚持现在的路走下去。这就是刚才说的在胡同口1米处的时候，我说走进去是死胡同，但是他说他相信当我们的车真的开到9.9米处时，那堵墙就会倒塌或豁开让我们穿过去。他有这样的自信，这实际上是一个认知的问题。可能我只是站在胡同口，看到那条胡同10米的地方有堵墙，我说别走了；但他坚信我们就往前开，开到9.9米的时候墙会豁开一个口子让我们过去。我们预判不同但我尊重你的看法。

没有谁对谁错，实践是检验真理的唯一标准，然后他让我从司机位置换到后排，换了司机后继续在胡同里往9.9米处开去，我坐在后排当然乐意看见在到达9.9米处时，墙塌或豁开一个别有洞天的口子，我们就过去了。虽然我预判错了，但我很为当事人高兴，如果按照我说的不走这条胡同，反而错过了这样一个机会，或许那个新司机很幸运，或许当事人的预判很好。

金融领域的人也可能想的是车，不在于墙，而在于车是否撞得过去。投资成功是低概率事件，他们的成功基本上都是在低概率的基础上达到的，所有人都不看好，就他力排众议地去做且最后成功了，这种情形累积带来了自信，他还会在乎下一个低概率吗？他之所以能够超凡脱俗，就是因为在成长的道路上，大多数时候别人都不看好他，但最后他成功了；再上一个台阶，别人还是不看好他，但他投资又成功了。于是他一步步走到这个高位。我们是底线思维，所以要明白，我们有思维的局限性，我们不代表真理，这两者只是差异，不是说一个是真理，另一个是非真理。即使最终墙还是把车挡住了，我也不认为我是真理、他是谬误，只是认知预判不同而已。我们对事物不同的判断来自不同的人生道路、知识结构、人生经验；在下一堵墙那儿很可能他到了那儿，墙就倒了，他就过去了。只是在个案中，即使车被墙挡住了，我也不认为我应该是站在真理的一方。我们要突破这一条，即使在这场较量中你赢了，不等于你下一场一定赢。

所以具体问题具体分析是马克思主义活的灵魂。不要故步自封，即使你钱列阳这次说对了，仅就这一次而已，你不能因此成为真理的代表者，更不是真理本身。

穿越金融人思维的“墙”

杨大康：钱老师，您之前讲过一个“下落”的例子，鼓舞了很多人。能不能讲讲这件事？

钱列阳：当一个人的人生出现意外时，是下落的过程，你是选择仰天长叹，还是空中转体呢？

杨大康：如果你选择空中转体，就有东山再起的机会。如果你觉得“我好倒霉”，然后看着蓝天，坚决不认，因为你的法务告诉你“这没事，他们就是滥用职权”，结果你可能会摔得很惨，甚至死无葬身之地。

钱列阳：所以，这就是我一开始讲的，金融犯罪的情况与黑社会性质组织犯罪、职务犯罪是截然不同的。我们所面对的是思维结构、专业鸿沟巨大的问题，这是与办黑社会性质组织犯罪案件、职务犯罪案件或其他犯罪案件不一样的。

让金融人了解一些边界感，让他们有一个理性的对待，实际上是大有裨益的。今天我们的谈话，就仿佛走入了金融人的城堡里。我们从城堡外面看，金融人的城堡冰冷且厚实，里面的思维模式一般人根本撞不进去。但我们穿透城墙走进去以后，看到了他们在城墙里面的思维模式。

从一维空间到四维空间，每个人的思维在不同维度可选择的数量差别巨大，规则也不一样。所以，当你试着把思想放开，就会发现原来可选的路只有 3 条，现在却有 10 条。“留得青山在，不怕没柴烧。”这个“柴”，因为从小爹妈就说咱们家门前有一片榆树林，所有财物都在那里，所以你本能地形成了一种观念，只有榆木可以拿来当柴火。但实际上，你走出爹妈给你的榆树林，别的地方的树上照样有枯枝可以拿回来烧。

学，然后知不足

周致力：最后问钱老师一个问题，作为本部分的收尾。您觉得，如果您前 20 多年主要是在传统的刑事辩护领域，支撑您的是专业的坡度，那么转到金融犯罪辩护领域之后，支撑您继续探索攀爬的核心要素是什么？

钱列阳：学，然后知不足。所以，学习是支撑我最核心的要素。因为我知道自己是井底之蛙。经过这 20 多年，我爬到井沿上一看，自己太渺小了，还有这么大一片地方。当然，我也不可能哪儿都去，我这只爬到井沿上的青蛙决定往金融领域走，所以毒品、税务等领域我就放弃了。

我在井底待了 20 多年，我不想再待了。所以紫华所的这 7 年，就是我爬到井沿上再作出的选择。办“徐某案”

让我爬到了井沿上，我惊讶于他的思维方式，这是我作为刑法人完全没有想到的。第一印象就是他没有规则意识，只有灵活运用，这就有巨大的空间。在没有规则的情况下，其实他给自己设定的13项上市公司投资，仍然在规则允许的10%以内（当时没有到30%）。我得到的一个启发就是，我们今天的高等教育适合的是人类群体中的中段和中上段，顶尖的人其实并不适合我们人类社会今天设置的教育模式。这些极有天赋的人，他们不需要。我想来是这样的，包括像马化腾、马斯克、马云、比尔·盖茨，他们不是正教授、博导。为什么？因为他们超越了读书这个二维空间，走到了现实的三维空间。然后，在三维空间，马斯克又走到了四维空间。低维打高维几乎没有什么可能，而高维打低维几乎没什么争议，不是势均力敌的拼刺刀，而是注定的。所以，完善自己的知识结构、提高思维维度更为重要。

金融人的时间概念，实际上就是三维基础上的思维，三维立体加一维时间。所以，吸引我的不是金融的“金”字，而是金融的“融”字，是流动、是融合、是融汇，是个动词。这个动词“流动”，不就是时间嘛。所以，“融”的流动意味着它的生存空间是四维的，实体行业是三维的，大学里教书是二维的。我没有贬低教授的意思，但是教授们不就是博览群书，最后形成一本自己的著作吗？

然而，实践是在发展的，实务是在变化的。随着科技的发展，认知维度是有提高的空间的。所以，金融人的这种四维运作，他自己也许并不这么认为，但实际上他要的是财产的使用权，而不局限于所有权。所以，他要挣的是“活钱”。这种流动运作是他的本质。这个四维的跨度对我很有吸引力。

周致力：您今天对我最大的思维冲击是，刑法注定只能亡羊补牢，而不可能事前预防。尽管刑法发展这么多年以来，我们一直在提事前预防。

钱列阳：事前预防是理想，但是根本做不到。高科技发展，金融行业充满活力。我们当然可以把这当作一个追求、一种社会责任，防患于未然。实际情况是，这些新生产力的代表，他不做你都不知道他能这么做。所以，金融创新和金融犯罪是同一只手的手心和手背。当一条柏油马路刚修好，没有交通规则，没有斑马线的时候，你怎么走都是对的。

所以，金融人就是在科技道路铺好，法律规则的快慢车分道线还没有画上的时候，以飞快的速度从这条路上通过。没法说他超速了、逆行了、闯红灯了，因为这些规则还没有。金融最前沿的人挣的就是这个钱。同样这 100 公里，你花了两个钟头走，因为有这么多红绿灯、十字路口。我当年走的时候 10 分钟就过去了，就是因为当时还没有红绿灯、斑马线。

油画《时空隧道》

博弈的难点，不在纸面的字里行间，

而在实务操作思维。

PART 2

第二部分

规则边界

金融必须法治化，法治万不可金融化，要协调好规范和发展的关系。

合法利用规则的边界

周致力：钱老师，在办理金融犯罪案件时，有“利用规则”这一概念。有没有一种可能，利用规则本身就是犯罪的一种表现？难道只要套上“利用规则”的帽子就完全合法吗？是否存在对规则的恶意利用与滥用，且这种行为也构成犯罪的情况呢？

钱列阳：这就涉及刑法中的“恶意”问题了。刑法具有内敛性和谦抑性，我们刑法人不倾向于用“恶意”揣测人的主观内心，而是要依据事实和证据。也就是说，若没有证据证明犯罪动机，仅主观判定为“恶意”，这是不正确的。一个人是好人还是坏人，与他有罪还是无罪，是两个不同的概念。所以，您刚才提到的“恶意”与“善意”，实际上是对一个人道德层面的评价标准，而我们刑法人遵循的是证据标准。在没有证据证明其有罪的情况下，应推定其无罪。因此，在刑法人眼中，使用规则和利用规则并无本质差别。

周致力：如果是滥用规则呢？

钱列阳：当你仅拥有 1、2、3 项权利，却行使了 1、2、3、4、5 项权利时，这里的 4 和 5 就属于对规则的滥用，超越了权利边界。当然，前提是有证据能够证明这种行为属于滥用。

周致力：所以您认为，利用规则和滥用规则是以“证据标准”划分界限的吗？

钱列阳：实际上，刑事司法很难清晰界定主观动机是恶意还是善意。所以，“恶意”“善意”在刑法中更多的是一种用于宣传的道德评判用语。在刑法领域，我们始终以证据为依据。“善意”也好，“恶意”也罢，那是道德标准。即便我内心认为你在滥用规则，但这并不影响我进行客观评判，我不会戴着“你是坏人”的有色眼镜看待问题，仍然会依据证据认定是否有罪。

金融法治化

【实例 3】申某贪污案

公诉机关指控，2012 年 7 月至 2020 年 5 月，申某先后任甲国有公司期货部操盘手、期货部临时负责人、副主任及主任，负责期货部的日常经营管理工作，参与制定甲国有公司期货交易策略，依据市场行情确定具体的操盘价格，下达期货交易指令并实际操盘。

2015 年 7 月至 2020 年 5 月，申某向他人借用了多个期货账户，利用前述职务便利，在事先获知公司期货交易策略后，提前在有利价位买入或卖出与甲国有公司策略相同的期货产品进行埋单，采用与公司报单价格相同或接近、报单时间衔接紧凑以及公司大单覆盖等方式，与公司期货账户进行低买高卖或者高卖低买的交易，使其实际控制的账户获利共计人民币 1000 余万元。

公诉机关认为，被告人通过期货交易侵吞国有公司财产，国有公司因交易成本增加造成实际损失。且被告人增设期货交易环节获利并非正常的市场交易行为，职务行为与交易获利之间具有高度关联。其行为触犯了《刑法》第 383 条，犯罪事实清楚，证据确实充分，应当以贪污罪追究刑事责任。

周致力：您觉得这两个圈（金融与法治）（发展与规范）交叉的部分是什么？

钱列阳：这两个圈的交叉部分，就是要把金融纳入法治化轨道。挣钱没问题，金融人可以合法地挣钱，但不要打擦边球，更不能违法挣钱。打擦边球挣钱叫违规，违法挣钱叫犯罪，你必须合法挣钱。法治社会要求把金融纳入法治体系，在法律范围内挣钱。比如，我告诉你，挣的 100 块钱中，60 块钱是合法的，30 块钱是违规的，10 块钱是犯罪的。我劝你就挣那 60 块钱，但你说不行，你就要挣 100 块钱。我就得告诉你，那你就有可能违规，甚至违法，要承担法律责任。

周致力：我再追问您一个问题，回到行为的危害性上，金融和刑法对这个行为的危害性理解不一样。比如，行政犯和自然犯，自然犯杀人，古今中外都认为只要是犯罪就是坏的。

但从行政犯的角度看，他无非就是违反了规定，多挣了一些不该挣的钱，一定要科以这么重的刑罚吗？

钱列阳：挣了不该挣的钱，具体点说呢？

周致力：金融类犯罪，抛开破坏秩序不说，从利益侵犯的角度看，就是多拿了不该拿的钱。

钱列阳：你拿了不该拿的钱，伤害了谁？谁被割了韭菜？伤害的是那些本该拿到钱却没拿到的人。为什么？因为钱被你拿走了。我作为股民，作为投资者，投了 10 块钱，我本该拿 15 块钱，最后却只拿了 12 块钱，其中有 3 块钱被你拿走了。

金融人经常告诉投资者，你只配拿 12 块钱，你根本不知道自己该拿 15 块钱，他们隐瞒了这个事实。这 3 块钱在金融人看来是可以接受的，但是在刑法人看来是不可接受的。你不可以隐瞒我能拿到 15 块钱的事实，等我知道了我该拿 15 块钱，我愿意让利 3 块钱给你，我自己留 2 块钱，那是我的权利。但是，你根本不让我知道我能拿 15 块钱，你只给了我 12 块钱，这在刑法上是不能容忍的，这仍然是诈骗的逻辑，是刑法的逻辑。但在金融人看来，这只是一个违规行为，并没有什么大不了的，总之是让你挣到钱了，只是不告诉你，你实际该拿多少钱而已。

周致力：再进一步讨论，这里的行为边界及其差异是什么？

刑法没法证明我该不该拿，也没法证明这种利益分配模式是零和博弈，金融人多挣的钱一定是侵害了投资者的利益吗？一定是骗投资者的钱吗？刑法很可能难以精确证明。比如，操纵犯罪，如何证明是行为人的特定连续交易行为（在特定的时间节点注入市场）侵害了他人的利益，真的让他人遭到损失了？

钱列阳：操纵行为，有的有直接受害人，有的并没有具体的受害人，这时衡量行为性质的只能是法律。不一定每个行为都有具体的受害人，金融犯罪的受害人往往是一个整体，如全体投资者或社会。就如同渔网，网线被剪断，露出了一个口，也许没有鱼掉出来，也许有鱼掉出来，也许是这条，也许是那条。

但法律不允许我拿着剪刀剪断渔网，我剪断了，这就构成犯罪了。再说剪断了以后掉出多少条鱼，就已经不重要了，这顶多是量刑考虑的问题。在定性上，我拿剪刀剪断渔网这个行为就够了。

周致力：但这恰恰是搞金融的人可能最难接受的秩序法益观。他们认为的受害人应当具体明确且量化，刑法应当证明是我的这个特定的行为，导致了他的那个特定的10块钱损失。

钱列阳：这就像我把渔网剪破了以后，之所以没有鱼掉出来，是因为我那天没捞着鱼。若没有带来任何损失，凭什么处罚我？作为金融人，我不知道刑法上有一条不能拿剪刀剪断渔网的规定。我只想到，我剪断了也无所谓，只要没有鱼掉出来就完了。结果那一网最后没捞着鱼，因此就没鱼掉出来。

所以在所有权和使用权层面，金融人在意的是利益。当剪断渔网没有鱼损失的时候，他们用利益作为衡量标准，就觉得没有利益损失，不仅他们没有，社会上的所有人都没有。

回归法律人的视角，这种操作当然是违规，甚至是犯罪的。

周致力：很多时候，金融领域的违规操作恰恰为辩护提供了空间。比如，某职务侵占案中的违规操作，公司和员工双方争执不下，争论这笔钱该归公司还是归个人，最后发现其实双方都不该拿，因为客户本就不应支付这笔钱，支付行为本身就违规，甚至涉嫌违法。

钱列阳：这并非辩护空间，而是意外事件。这完全是出乎意料的，就像走到楼底下突然被一个花盆砸中一样。所以，这提醒我们，在行走时，有时要抬头看看上面会不会掉下花盆。走到有花盆的楼下时，我们要保持警惕。

这给了我们一个重要的启示，即掏钱的源头是否合规、合法、合理？**这种源头性治理也是我们辩护时应该关注的一个方面。**这不是我们常规的辩护逻辑，但有时候，我们在看前方、左方、右方的同时，还要抬头看看上方，别让花盆掉下来砸到自己。

【实例4】田某操纵证券市场案

公诉机关指控，2013年大连某上市公司准备非公开定向增发股票。2013年9月至12月，该上市公司董事长、财务总监与某基金管理有限公司总经理田某及其投资圈的朋友多次沟通定增事宜。

2014 年2月17日至2015年6月11日，上市公司陆续发布“2013 年度分配:10送5高送转”“股权激励计划”“签署海域承包合同”“与黄海水产研究所签订战略合作”“公司更名壹某参”“2014 年度分配:10送10高送转”等信息，并将上述信息提前传递给田某等人。

在此期间，田某等人集中资金优势、持股优势及信息优势使用控制的证券账户，在二级市场连续买卖该上市公司股票，经审计获利1700余万元。

公诉机关认为，被告人田某等人与上市公司董事长、财务总监合谋，集中资金优势、持股优势和信息优势连续买卖、操纵证券市场，情节严重，其行为均构成操纵证券市场罪。

周致力：这种金融与刑法的交叉非常有趣。在金融评价范畴里被视为违法的行为，在刑法辩护角度却可能对我们有利。

其实，在金融犯罪辩护领域，“掉花盆”的概率远远高于传统犯罪辩护。因此，从这个角度进行比较分析也很有意义，这是金融犯罪的一个重要特点。我们不能只看刑法本身，金融逻辑很多时候能够为我们提供新的视角，穿透或解构刑法的传统逻辑。

比如，田某操纵证券市场案，他那种共犯行为——信息交流行为，就是通过金融人的习惯穿透了刑法上共犯的边界。如果实践部门认为，只要共谋犯罪的双方对个眼神，因为都是金融高手，就能达成操纵合意，形成共谋的故意，那么就不需要传统刑法中要求的明示表达或意思表示了。

钱列阳：这其实就是一种明示表达。双方对视，这是一种比较高端的通信方式。因为双方都是这个行业里的高手，所以瞟一眼就足够了。这在刑法上并没有被解构，刑法上的处理是完全一样的。这叫共谋，我们之间不是非要局限在语言上，共谋有多种形式和方式。高手之间、同行之间一个眼神就能达成一致意见，这只是一种手段而已。

授权性规范与禁止性规范

【实例 5】李某违法发放贷款案

公诉机关指控，2019 年 6 月至 8 月，被告人李某在担任某银行股份有限公司副行长主管理财业务部，兼理财风险审查委员会主任委员期间，审批了理财业务部向该银行理财风险审查委员会提交的《关于投资“某地产信托贷款项目 1901 期”的请示》。被告人李某在审批该笔业务的过程中，明知尽职调查未严格审查借款人的偿还能力及抵押权、质押权实现的可行性等，仍严重不负责任，同意向该公司发放贷款 14.65 亿元。

公诉机关认为，被告人李某的行为触犯了《刑法》第 186 条的规定，应当以违法发放贷款罪追究其刑事责任。

周致力：委托理财和贷款的界限在哪里？这种行为在银行领域是否构成诈骗？在销售产品时，如果我利用信息不对称，是否容易滑向诈骗的边缘？

钱列阳：告知义务并非常识，而是专业知识的一部分。理论上，我有义务告知你这些；就公权力而言，告知义务需要有法律规定。比如，美国警察在持枪执法时，必须告知你有权保持沉默，这是法定的米兰达规则。但在中国，警察并没有这样的法定告知义务，因为法律没有明确规定。公权力的行使必须经过授权，而私权利则是法无禁止即自由，即只要法律没有禁止的，都可以做。同样，银行的权力也是授权性的，没有授权的事情它不能做。如果立法上存在漏洞，那是需要补充和完善制度的问题。在制度补充和完善之前，银行的行为并不算错。

周致力：银行犯罪问题主要出在是授权性规范还是禁止性规范层面？

钱列阳：金融从业者通常不喜欢授权性规范，他们更想知道的是禁止性规范，即哪些事情不能做，除此之外的都可以做。金融行业普遍不喜欢受到束缚。王巍的讲座也表达了这样的观点：只需要告诉我绝对不能做的事情，其他的我都可以尝试。金华操纵期货案也是一个例子，由于没有限制我不能做，所以我就做了。我利用机器在后半夜自买自卖，摸透了机器的上下限，然后下单。这违法吗？不违法，因为没有哪条法律明确规定我这样做是违法的。金融从业者正是通过这样的思维方式谋求金融创新。

周致力：所以金融和刑法很容易产生冲突。它们对于边界的理解是相反的，金融划定边界的方式是划出可以做的事情，而刑事法律则是划出不可以做的事情。

钱列阳：刑事诉讼法是防范公权力可能对私权利的侵犯，所以刑事诉讼法大部分内容都是告诉公权力机关哪些事情可以做。刑法是禁止性规范，列出了 480 多种不能做的行为，除此之外的都可以做。刑事诉讼法则是授权性条文，主要针对检察机关、公安机关等公权力机关，要求它们调查取证必须合法，不能刑讯逼供，不能非法取证。刑事诉讼法一次次地限制公权力的行使。

周致力：金融法是否兼具这两种特征？如《证券法》，它既有禁止的行为，也有鼓励的行为，而刑法则完全是禁止的。

钱列阳：违规披露、不披露重要信息罪就是给公司的董事、监事、高级管理人员等设定了一个责任：该披露的时候就必须披露，不能隐瞒；不该披露的时候就不能披露。

周致力：从这个角度来看，金融法确实两者兼具，既有鼓励性的规定，也有禁止性的规定。《证券法》中有禁止内幕交易等规定，但它同时也鼓励创新，并设定了底线。

钱列阳：所以，挣大钱的行为往往都被刑法禁止，而刑事诉讼法则是授权性的，主要约束公权力。有些行为你不做就可能犯罪，有些行为你做了也可能犯罪。就像违规披露、不披露重要信息罪，披露与否并不在于信息本身，而在于你什么时候说、该不该说。该说的时候你必须说，不能不说；不该说的时候你绝对不能说。

金融的发展性与规则的约束性

周致力：“边界不仅意味着限制，同时也代表着保护，而且边界并非静止不变，而是动态发展的。”您对此有何看法？

钱列阳：我们不能仅仅告诉金融从业者他们不能做什么，还需要保护和鼓励他们。金融从业者往往对边界感到厌烦，而我们法律人的本能是守规则。一旦有人违规违法，警察和检察官的本能反应是规则不可逾越。我们的所有行为都被规则框定，但实际上，社会、生产力以及金融的发展，都是一个不断突破既有规则产生新的规则的过程。

大多数金融人对规则的看法与我们截然不同，他们认为规则就是用来被挑战的。因为社会需要发展，金融需要保持其发展性。他们不断冲击边界，认为规则就应该被挑战，然后逐渐拓宽规则的边界。而法律人则认为规则是不可触碰的，是静态的，因为法律人的职责并非创新，其社会责任和职业责任是维护稳定。如果所有人都秉持法律人这样的思维，社会又怎能发展？那我们岂不是还停留在敲算盘、留辫子的时代？

周致力：法律是否也可能起到“安全带”的作用呢？

钱列阳：如果你既踩刹车又系安全带，那你就只能原地踏步了。你坐在车里系着安全带踩着刹车和坐在家里有什么区别呢？

周致力：钱老师的这个观点可能会引起金融从业者的共鸣。

钱列阳：因此，**我认为立法需要科学。我们要了解金融行业的特性，尊重其特点，不能限制金融发展的活力和生命力。这是金融行业的本质属性。**有活力的人往往讨厌边界，这是一对矛盾。相反，一些人就喜欢待在边界内，边界本身也可能成为滋养懒惰的“温床”。我坐在火车车厢里，就像是个偷懒的乘客，火车开到哪里算哪里。如果我是越野车的司机，我的眼睛盯着窗外，那种感觉和坐在火车里看外面的风景能一样吗？我永远都在前行，这个时候我是充满活力的。这条路该走左边还是右边？感觉那边好像更好一点，但走那边又不行，有个坑得赶紧刹车，然后再倒回去看看是怎么回事。这个时候我看到的和坐在火车车厢里看“山河壮丽”是完全不同的。

命运掌握在自己手中。我可以肯定地说一个观点：10 年以后中国最富有的那批人今天可能还默默无闻，而且就身处低谷之中。但他们在低谷中孕育实力、寻找商机、探寻新的途径，不断地创新和突破。当大家都闷闷不乐的时候，有的人在怨天尤人，有的人在发牢骚，但他们一定在寻找商机、积蓄实力、学习新知识。10 年后，他们成了首富。我把话放在这里，这个首富绝对不是今天坐在车厢里发牢骚的人。就像在低谷中的格斗一样。两个人的武功不相上下，从院子里打到墙上，从墙上打到房顶抱作一团，最后从房顶上滚下来摔在地上。前面都一样，但我在下面，你在上面；我砸在地上，你砸在我身上；我死了，你受了点轻伤。我们的格斗到此结束。如果没有这个从房顶上掉下来的过程，咱俩的武功不相上下，我怎么可能被你打死？我不可能会输的。但就是这种突发事件，谁都左右不了。咱俩谁都不想从房顶上掉下来，但没办法已经抱作一团了，最后就从房顶上滚下来了。

在这样一个命运的转折点，惊慌失措和理智冷静，会得到截然不同的结果。我阻止不了从房顶上掉下来，但我可以在空中调整身姿，让你在下面我砸在你身上。今天当所有人都看到经济低迷、一大堆坏事的时候，商机就潜藏其中。如何突破？技术今天还在萌芽状态，无论是 DeepSeek 还是 ChatGPT 都处于起步阶段。这就像马拉松一样，都是刚起步，咱们还在一条起跑线上。等到跑了 30 公里，我跟你差了 10 公里，我怎么追赶你？

所以越是在这个时候——现在不就是大家谁都不想看到的抱成一团往下掉的局面吗？——谁能够理智冷静地在空中调整身姿？刚才说的那些人觉得这样多倒霉啊，掉下来了还不如不打呢。你这样想的时候就没想过在空中调整身姿。多年后我对生活的感悟将是：要创造幸福全靠自己。大环境就是这样，左右不了的事情我不管；能左右的事情我极其理性地做到利益最大化。如果我的枪只能打 100 米，105 米、102 米的我看都不看；但凡到了 99 米我一枪十环。我必须在 100 米以内做到枪枪十环；100 米以外的我根本不去尝试、瞄都不瞄，因为瞄它也没意义，咱也够不着。所以我觉得这就是形成的人生观、价值观。

所有爬山的人都不是因为蹬了一脚就跨上去或者滑下来，而是不断地试错，最后一步步爬上去的。这不跟金融一样吗？金融人为什么能够创新？敢干？因为他们把试错成本降到了最低。他们每一次成功的背后都有无数次的失败，但他们面对失败就是迅速改正、蹬上去滑下来再蹬上去的过程。滑下来之后，他们还会一步步地爬上去。我觉得这是思维方式问题。他们所受的教育、所处的环境和他们的思维模式确实不是我们能想象的。在刑法圈里，我已经算是有点想象力的人了。

金融人不喜欢边界

周致力：在金融从业者的思维范畴中，对“使用”这一概念，是否也应当设定一个明确的界限？不能说我租用了某样物品，就可以无条件地、毫无限制地使用它。

钱列阳：大部分金融从业者其实非常抵触边界的设定。金融学院往往都不愿开设刑法课程，原因无他，只因法律代表着边界，是框架的象征。因此，《边界》这本书由法律人撰写是恰如其分的，但若出自金融人之手，那便显得有些不妥了。

然而，我们身处法治社会，金融必须被纳入法治的轨道，不能逾越法治的边界。无论金融从业者是否喜欢，他们都必须被限制在这个边界之内，这是法治社会的基本要求。首先，我们法律人需要深入理解金融从业者在做什么，以及他们的思维方式。其次，我们才能再次阐述边界的重要性，而不是简单粗暴地给他们划定一个方框，告诉他们必须在 38 个金融犯罪的框架内行事。

许多法律人都在探讨，金融行业的特点与当前刑法为其设定的框架并不完全契合。一些过于简单粗暴的立法框架阻碍了金融的正常、健康发展。在金融创新这个过程中，也不断出现漏洞，如庞氏骗局。于是，亡羊补牢，不断地完善法律。

因此，金融法律与经济实践互动紧密，它必须不断地变化，以适应金融行业本身的不断变化。每次都是先出现像庞氏骗局这样的“亡羊”事件，然后我们再“补牢”，将这一类行为认定为犯罪，明确以后不能再做。我认为，这就是金融行业与法治规则之间的冲突。这是一个现在和未来都需要不断解决的矛盾，可能永远都没有完美的解决方案。

边界的四种形态

周致力：如果把“边界”理解为四方形（见图 2），那么它除了边界这条线之外，还蕴含了一个要素，那就是方向，如上下左右。底边的这条边界，其性质最为特殊，我们称为“底线”。那么，是否存在一种金融创新，可以突破其他非底线的边界，而有些边界则是绝对不能触碰的呢？

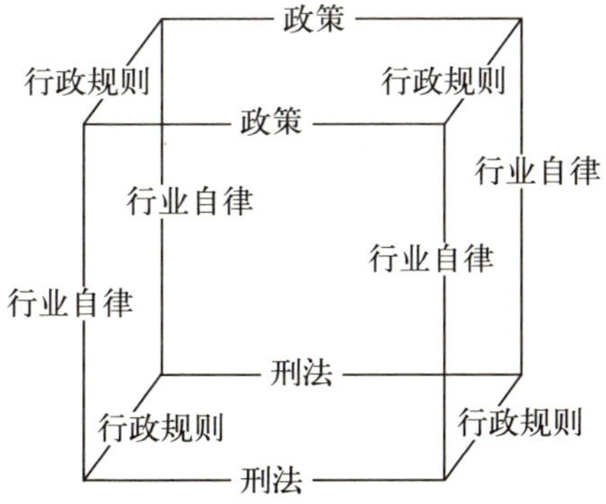

图 2　边界的四方形形态

钱列阳：底线实际上体现为刑法，同时也涵盖了人伦道德。比如，你不能利用某样东西去制造毒品或枪弹危害人类，这些底线是绝对不能触碰、不能突破的。其他的三条边，分别是行政规则、行业自律和政策，这三者随着生产力的发展是可以变化的。特别是上面那一条边，它代表的是政策。政策是根据现状划定的，我给你画了一条线，明天如果他们发明了 ChatGPT，推出了 AI 新产品，那么这个时候的政策就需要调整了。所以，昨天画的那条线可能就需要突破，需要重新划定。如果固守不变，就等于限制了发展。

以高频交易为例，其是否应该被当作操纵证券期货市场的犯罪手段？立法讨论的最终结论是不将其设定为犯罪手段。因此，高频交易、量化交易等并没有作为操纵证券市场的 6 种犯罪手段之一。原因是，我们不应阻止高科技的正常发展。虽然伊世顿公司的行为被定性为犯罪，因为其使用了不正当的手段，包括高频交易，但全国人大并没有将高频交易这种手段定性为操纵证券的犯罪手段之一。这是因为我们需要辩证地看待问题，既要防止犯错误，又不能阻止发展，而且后者更为重要。

所以，我认为这个四方形中的底线是人伦的体现，它实质上表现为刑法，但本质上它是人伦。两边是行政规则，上边是不断变化的政策，这些都是需要随着时代的变化而变化的。你刚才给我画了一个很生动的四方形，边界确实存在风险。两个侧边是行政规则，上边是政策，它们相互连接。

金融追求空间，刑法追求边界

杨大康：通常，一个有实力的金融人才在应聘时，会看重哪些方面呢？

钱列阳：金融人才往往不被强制要求墨守成规，他们的思维方式倾向于创新，善于利用一切可能性，抓住每一个机会。他们自认为智谋过人，因此总能洞察商机。徐某就是这样的人，他的脑海中并没有太多的规则束缚。所以，有本事的人要空间，而且要的是自由发挥的空间。在招聘时，有本事的人会问，我的权限范围在哪里，哪些事情是我可以自由决定的。金融人要的是施展拳脚的空间，而不是被束缚的边界，他们最讲究的是自由裁量的余地。金融追求的是空间，而刑法则强调的是边界，是底线。

司法系统的一位领导曾说，你们总说刑法是最后一道防线。但我抬头看了看，前面还有其他防线吗？我发现在金融领域，前面根本没有防线，刑法其实就是第一道防线，也是唯一的防线。这说明什么？说明行政监管不够得力，没有与刑法形成清晰的层次划分。哪些是合规的、哪些是违规但不违法的、哪些是既违规又违法的，这三个层次没有明确区分出来。本来应该加强的恰恰是行政监管，应该有大量行政违规但是刑事不违法的情况，这样被罚的人虽然经济损失惨重，但人身至少是自由的。

周致力：钱老师，我尝试总结一下，提出一个自律的界限。作为金融从业者，有自律监管的界限，还有行政监管的界限以及刑法的界限。但目前这三个界限太接近了，很模糊，所以使这三个界限难以明确区分，只能一案一议，在一个个的具体案件中依据证据标准进行判断，这其实也是有问题的。你不能把所有界限的划定都交给刑法和监管，行业协会也应该有自律的要求。除了第一道防线和最后一道防线，我认为还有一道防线，那就是内心的道德评判和标准。特别是金融伦理、金融道德甚至金融文化，这也是一个很重要的界限。你不能指望所有的界限都由刑法划定，尤其是刑法具有滞后性。金融群体有没有可能首先在自己的内心划定一条界限？不能全靠刑法划线，划得太多，会被认为管得太宽；划得太少，又会被认为没有规则。

杨大康：那我接着跟你探讨一个问题。往往那些金融大佬出问题的时候，他们并不是没有法律顾问，而且那些法律顾问都是来自知名律师事务所的。他们就没有提出这些刑事风险吗？

钱列阳：这就是他们长期存在的巨大隐患，没有踩刹车的人，没有相反的声音，都在迎合老板。即使知名律师事务所为上市公司服务的团队里有学过刑法的人。

所以，在金融犯罪案件中，当我们真的认为罪犯有罪时，说服他们认罪认罚其实是一件非常困难的事情。公安、检察院不管他们认不认，不认就走程序。法院该怎么判就怎么判。我们要说服他们这样做对他们有好处，他们却听不进去。“良药苦口利于病”，他们受不了这个苦；“忠言逆耳利于行”，他们听不了逆耳的话，因为听惯了顺耳的话。

这就是我们这本书的价值所在，就是要告诉金融人一些他们不太爱听但是非常中肯的话。因为他们总是觉得自己被抓是冤枉的，充其量只是违规而已。

边界的权力逻辑

周致力：有种观点是，当一个领域的规则不明确或者有空缺的时候，控、辩、审三方任何一方的胜利都可以被看作实现了法律的正义。

钱列阳：如果没有规则，控方的胜利就没有依据了。辩方自然就赢了，因为当没有规则的时候，控方指控你踏红线，但这条线并不存在，控方是赢不了的。控方要赢，必须举证证明你踩了红线。没有红线，就不可能胜诉，因为控方承担着举证责任，而举证的基础是有一条明确的红线的。辩方只需要证伪，不需要求真。

周致力：在没有规则边界的时候，谁来评判呢？

钱列阳：道德。但道德标准是刑法法庭管的事儿吗？不是。即使你非常坏，我也不能因此就认定你有罪；即使你非常缺德，也没有缺德罪这一说。最主要的是，政府在这种情况下也允许尝试。在这个时候，规则被放到了第二位。政府要创新、要试错，最后如果发现果然是错的，就会紧急叫停。政府是值得信任的，没有骗你的意思。但金融需要创新，只能尝试、试验。这是一种创新尝试，走了半天，最后可能发现此路不通。但如果此路通了，你是“排头兵”，就是最先富起来的一批人。

周致力：你看，所以边界其实不是“right”（权利）的逻辑，而是“power”（力量）的逻辑。

杨大康：其实我觉得，金融人应该关注法律的边界，以及政治的边界。从政治学角度来看，政策的本质就是利害的分配。而法律，也是关于权利和义务的分配。

金融创新的边界

赖崎：金融是最强调创新的领域，但创新的边界特别难以把控，对吧？一不小心就可能犯罪。一方面要鼓励金融创新，另一方面又要确保不越界，在金融领域里能够做到就比较难。而且，金融创新往往涉及高智商、跨国性、高科技这三个属性，一般人看不懂。等监管机构看明白了，可能就已经晚了。

"创新"这个词，一个是"新"，就是以前没有出现过；另一个是"创"，就是由我来创造。所以，"创新"在金融领域中是一个比较特殊的词。国家一方面强调鼓励金融创新，另一方面又害怕出现系统性金融风险，矛盾往往就在这个领域。

另外，由于金融创新与高科技结合得非常紧密，如数据要素、数据资产的出现，对金融领域是颠覆性的。在数据时代，这种金融创新会带来什么样的金融犯罪行为？这些金融犯罪在我们现有的刑法里是不可能出现的，因为犯罪手段还没出现，但我们可以预测它潜在的发展方向。比如，我看到你们书稿中提到了机算和人算的问题。

在证券领域，采用量化数据模型、数学模型跟人斗。你跟一个普通的股民比，它拥有数据分析能力、更快的交易方式，如 AI 算法，这显然是不公平的。从法律角度来看，股民肯定玩不过算法。我们该不该限制？国家在量化交易上采用的策略是既鼓励又限制，因为这是世界发展的趋势，我们不能不搞，但也不能失控。

他们发一个单再撤一个单，速度比人算要快很多，利用几毫秒、几秒钟的优势，就能判断出证券下单的走势。我们有撤单的权利，他也有撤单的权利，就是不断地下单、撤单，以便试探整个股票的走势。这种创新算不算操纵证券市场？在量达到一定程度的时候，我认为就是操纵证券市场。

当然，如果量足够大，我们会有所限制，如对量化计算的算法进行限制。但这只是科技在金融领域中的冰山一角。随着数字化时代的到来，数字金融也蓬勃发展，很多东西完全由 AI 算法来支撑，不再有人为干预。在这种情况下，一个算法可能就改变所有人的命运，但你很难找到它的漏洞。

我是从事投资工作的，有一次我和钱老师聊到投资什么领域最赚钱？投资“金融犯罪”最赚钱。为什么？第一，你本质上投的都是一个高智商的人或者一个高智商的算法；第二，它极难被发现；第三，发现以后几乎不可能有证据，你怎么找证据？都没有留痕，跟我没关系，你根本就找不到跟我的关联，尤其我还在海外。所以，未来的金融犯罪绝对是高科技的应用。金融犯罪是犯罪皇冠上的明珠，你逮不到人的。一群极高智商的人，精通数学、模型、算法，跨国性，你不知道他隐藏在世界的哪个角落，他只要充分运用算法和算力就行了。

所以，这本书名叫《边界》就特别好。我们本来就是从金融犯罪的角度来探讨，金融创新和金融犯罪的边界到底在哪里。谁能够把这个要素掌握住，我认为谁就代表了未来。

钱列阳：这本书要有一句简单的话作为收尾，那就是“金融必须法治化，法治万不可金融化”，这就是边界。金融是创新、是发展，法治是规范。法治的规范和金融的创新相辅相成，就像一个人的左腿和右腿的迈步，不能一条腿走在前，另一条腿也不能走在前面，且步伐还不能太大了，否则会摔倒。

在这个过程中，寻找合理的幅度，“合理”就成了金融和法治这两个圆圈的交集部分。也就是说，每个人走路的步幅不一样，这跟你的腿长、体型都是有关系的，不可以简单地学别人大步走。要平衡好规范和发展，油门和刹车的关系，这种合理的步幅是一个社会健康稳定发展的基础。

金融与刑法的双向融合

周致力：结合我们之前几次谈到的关键词“金融法治化”，可不可以这样理解：金融和刑法两个群体需要一场美好的双向融合？刑法人应该更多地看到金融行为的合理性，而金融人则需要更多地关注行为的合法性，然后两者向中间靠拢，共同前进。

钱列阳：不是说金融人要去“看到”刑法的更多方面，他们只需要知晓刑法的边界，知道不能跨越这条红线，就足够了。这条边界的立法本意、产生的后果，他们不需要深入了解，也没有兴趣去了解。就像我们坐在这个房间里访谈，只需要知道走过这条线就出了房间，至于房间外是什么，你其实不需要知道；为什么要在这儿画一道红线，你也不需要知道，只需要严格执行就行了。

所以，金融人对刑法的边界只需要知晓，刑法对金融人的运作却需要深入了解、理解和看透。对刑法人来说，我认为应该有更高的标准，这是我们的责任所在。我们要清楚金融内部哪些行为是合理的、哪些是不合理的，最终确定哪些是合法的、哪些是不合法的，这个区分在于我们，这是我们的职责。就像医生和病人，医生只需要告诉病人不要做这件事，但病人生了病以后怎么治疗，这是医生要全面研究的。作为病人，只需要听从医生的嘱咐就行了。我们不要求病人拥有医学院的知识，但作为医学专业的学生，我不能只知道这些，还要更深入地研究。

以此反观刑法，其要深入理解金融的内涵和本质，这是我们的责任。我们是医生，要实实在在地研究“人体”的五脏六腑。一个人从一楼跳下去觉得没事，于是从二楼跳下去，结果骨头断了。医生告诉他不要从二楼跳下去，但他还是跳了，那怎么办呢？接下来就是我的工作，我得给他接骨头，给他治疗。虽然我先前已经告诉过他，是不能从二楼跳下去的，但他说从一楼跳下去没事，二楼也不会有事，结果跳下去骨头摔断了。我不能说因为我不让你跳，你不听我的话，摔断腿了，我就不管你了。那是不行的，救死扶伤是我的责任，也是我的职业伦理。

杨大康：您接触的这些金融犯罪当事人，他们有没有证据意识？

钱列阳：留证据是一种自我保护，其思维本质是自我保护意识。自我保护是法律人的思维本能，而金融人讲究的是效率，自我保护实际上会降低效率，两者是矛盾的。我说了你去做就行了，这时候非要我把说的写下来并签上字，再存档，不仅人与人之间缺乏信任了，最主要的是效率也降低了。所以，一旦事后翻起来就会出问题了。合同不是为了履行合同而用的，而是为了不履行合同时用的。所以对他们来说，更多的时候不愿意要合同、不愿意要字据、不愿意要收据、不愿意留下任何痕迹，因为这些都影响信任、影响效率，这恰恰是金融思维所排斥的。拿起电话一句话，你马上干就行了，在99%的情况下都没问题，然而只要这1%出问题了，我们律师就会出现在他面前。

留证据对金融人来说是一种“踩刹车”行为，他们是习惯于“踩油门”的，油门踩得深一点或浅一点，他们是可以把握的，但他们不能容忍“踩刹车”。留证据实际上是一种自我保护性思维，这违反了他们的思维模式。但这恰恰是我们法律人的一种思维模式。

油画《绽放》

漠视法律之路往往通向深渊。

PART 3

第三部分

利益边界

金融犯罪侵害的法益有财产性利益和秩序性利益，不能因追求利益而突破法律底线。

合法利益与非法利益

【实例 6】孟某职务侵占案

公诉机关指控，2014 年 10 月至 2016 年 8 月，被告人孟某担任某投资公司的投资经理，其利用为客户推介发行债券及交易的职务之便，冒用公司名义与客户联系，并使用自己实际控制的公司与客户签订企业债券发行顾问协议，侵占公司应收财务顾问费 2300 万元人民币。

公诉机关认为，被告人孟某的行为触犯了《刑法》第 271 条的规定，数额特别巨大，犯罪事实清楚，证据确实充分，应当以职务侵占罪追究刑事责任。

周致力：在您处理的案件中，有没有典型的在“交易行为”层面存在重大违规，突破了边界的情况？

钱列阳：提到交易中的违规，首先想到的就是诈骗，即捏造虚假事实，隐瞒真相，这是刑法的基本范畴。所以，交易中的诈骗类案件，尤其是涉及财产的，是最常见的。

周致力：比如，孟某涉嫌职务侵占案，这是在债券交易背景下发生的职务侵占案件。您认为这个案件是在交易环节出了问题吗？

钱列阳：这个案件表面上看确实是商业诚信问题，孟某用自己家的公司替代了其所在的公司。这不仅是交易上的诚信问题，更是一个意外的法律规则问题，即在债券发行过程中，总经理的职权范围是否构成对股东权益的潜在侵害。

在这类案件中，商业诚信是首要的，但第二个凸显的问题是使用权高于所有权。换句话说，车辆的所有权归属并不重要，谁掌握着车辆的使用权、谁控制着方向盘，这才是关键。这正是金融人与法律人的思维差异所在。法律人强调的是所有权，而金融人追求的是经营权、使用权，他们靠资金运作生利，因此必须对资金拥有掌控权。在现实中，公司总经理、董事长拥有多大的经营权至关重要，而公司有多少股东，特别是小股东，其实并不重要，因为他们几乎没有参与经营的权力。这提醒我们注意法律思维与金融思维的碰撞点。

周致力：这凸显了交易边界的什么问题？涉案当事人是一

家公司的投资经理，他利用职务之便，截取了本属于公司的商业机会或业务。比如，客户原本是通过他这个经理找公司做业务，他却表示自己也可以完成债券发行，并将合同签到了自己的公司。这意味着，他将原本属于公司的业务拦截到了自己的公司。钱老师刚才提出了一个概念，即这种注重使用权的行为首先突破了商业规则。但这里有一个有趣的边界问题：突破商业规则、商业诚信，一定会构成犯罪吗？

杨大康： 作为法律人，我突然想到了损公肥私的行为，不知道这与本案有没有关系？

周致力： 有关系。作为员工，我的背信行为，包括非法经营同类业务的行为，算不算呢？

钱列阳： 这些行为可能触犯背信运用受托财产罪、违法运用受托资金罪等。这些背信行为都可能被认定为犯罪，它们是通向这类罪名的第一步。一旦突破了经济行为的规则，这个规则的缺口就被打开了。

刚才提到的孟某案，他做的第一步就是将公司的业务接下来划入自己的公司，这个行为本身就构成了通向犯罪的第一个台阶。

周致力： 这里还有一个边界问题。一种是我利用职务便利，比如，将已经确定属于律所所有的桌子搬回家，这属于侵占。

但我们刚才说的差异是，孟某侵占的并不是确定属于公司的财物，而是一种属于公司的商业机会或获利可能性。那么，两者是否会影响犯罪的认定？

钱列阳：商业机会本身无法被直接认定为犯罪。如果孟某将业务拿到自己的公司但没做成，那么就无法认定为犯罪，虽然他仍然违规了。但一旦做成了，之前的违规行为就成了通向犯罪的第二个台阶。

周致力：在金融领域也有类似的概念，即虽然没有直接侵占公司有形的财物，但侵占了公司的无形名誉或可能的商业机会。这在我们的刑法上构成犯罪吗？

钱列阳：刑法上的挪用财产犯罪，所谓的商业机会必须转化为具体的财产（金钱）。如果孟某家的公司没有接下那单业务，那么其就没有构成犯罪的空间，无法按职务侵占罪认定。从金融角度来看，这种行为是违规的；但从刑法角度来看，只有水烧到 100℃才是开水，90℃的只是热水。

财产性利益与秩序性利益

周致力：这确实是一个很大的差异。金融人可能认为，我只是道德上有瑕疵，并不构成犯罪。但刚才我和钱老师探讨的那种情形，即便我只是侵占了公司的一个可能的商业机会，或者利用了公司的名誉干了私活，也可能被当作犯罪来处理。现实情况是，财产犯罪的认定与处罚范围在扩大。不过，值得注意的是，这里涉及一个刑法上的差异问题：金融犯罪能否直接套用财产犯罪的认定逻辑？我们再来延展探讨一下。

钱列阳：金融犯罪可以分为两类，一类是有财产目的的，另一类则没有财产目的，而是扰乱了金融秩序。行为人扰乱金融秩序，自己未必得利，甚至可能遭受损失。但由于行为人的破坏行为，在金融活动中产生了额外损失的风险，或者使其他相关人获得了违法的收益。这种金融市场的风险表现为行为人破坏或扰乱金融秩序。就像有人剪断了渔网的一条线，至于鱼会不会逃出去、逃出去多少、哪些鱼会逃出去，这是剪渔网的人无法预判的。这与直接从你的网兜里偷走一条鱼是有很大区别的，后者目的性很强，你这边少一条鱼，我这边就多一条鱼。而前者可能只是在你的网兜底下剪了一剪刀，最后的结果可能没鱼掉出去，但这个行为本身就是犯罪。所以，前者属于财产犯罪，后者属于扰乱金融秩序的犯罪，我认为后者可能危害性更大。

周致力：所以，您是将金融犯罪法益侵害的实质界定为一种秩序性破坏？

钱列阳：对，金融犯罪侵害的法益有两部分，一部分是财产性利益，另一部分是秩序性利益。

周致力：也就是双重法益。

钱列阳：是的。金融犯罪中的一些罪名，是行为人利用金融手段进行的财产犯罪，如集资诈骗罪。这些都属于利用金融手段进行的财产犯罪。所以，广义上讲的金融犯罪包括利用金融手段进行的财产犯罪，而狭义的金融犯罪则专指那30多个扰乱金融秩序的罪名。我们遇到过不少扰乱金融秩序的犯罪案件，犯罪行为人本人是蒙受经济损失的，他们当时的行为可能是以获得财产为目的，但是从定罪的角度来看，并不以他们是否真正获得财产为标准。

附随性结果并不能对冲消解行为的危害性

周致力：您这个观点衍生出一个重要问题，即操纵犯罪或内幕交易犯罪与传统犯罪在侵害秩序方面存在很大差异。比如，传统的持刀抢劫行为无论如何都不可能产生正面收益，完全是负面的。但证券金融类的交易犯罪，行为人是用真金白银进行交易，不得不承认它附带了一种客观效果，即增加了股市的流动性。这种差异您是如何看待的？

钱列阳：这种差异并不影响定罪，这是犯罪的成本问题。就像行为人打一辆出租车到两站地以外去杀人，出租车费他是要支付的。我们能说因此增加了市场流动性和出租车司机的收入，就对社会有贡献吗？理论上，你的消费确实增加了社会收入，但这种消费行为客观上“支持”了犯罪行为的实现。比如，打出租车、购买刀具等虽促进了消费，增加了资金流动性，但这些根本不是刑法出罪或减轻处罚的理由。它虽附带了一些好的或正面的效果，但没有减轻主观故意和行为的危害性，也就没有减轻更没有免除的理由。

周致力：我之所以提出这个问题，是因为很多操纵案件的当事人在心理认知层面，会认为自己的行为属于“市值管理”，是拿着真金白银活跃市场、拯救市场的流动性。他们确实可能从升高的股价市值中获得了一部分收益，但客观上也给股市和其他投资人带来了好处，帮助市场发现了价值。他们会考虑为什么自己的行为非得被认定为犯罪呢？刑事司法能否基于此酌情予以考量？

杨大康：这里的讨论体现了一种思路，即行为人认为自己所作的事客观上为社会作出了贡献，并且自己还承担了成本。有个当事人找我，说她老公做了黑客行为，虽然行为是非法的，但他骗的是境外的资金，咱们国家没有受到损失。他们会这样理解问题。

钱列阳：只要行为触犯了中华人民共和国的法律，那就要被追究责任，这是毫无疑问的。至于行为在国外是否构成犯罪，那要看当地的法律。比如，在阿拉伯国家，你娶 4 个老婆是合法的，不会给你定重婚罪。你的行为无论后果如何，主观上你的目的是否触犯了所在地的法律，这才是法治的核心价值观。法律规定了如此，则当如此执行，无论行为在客观上是否附带地带来了好的效果，这都是一种认知的偏差。

周致力：所以在您的理解体系中，即使行为人的行为导致了某些好的附随效果，第一不影响定罪，第二连量刑的酌定情节也不一定够得上，是吗？

钱列阳：我的理解是，因为这种好的客观附随结果并不是行为人事前所设想或期待的任何主观目的。如果行为人的主观层面既有做好事的目的也有做坏事的目的，那么这种主观上好的一面可能可以作为减轻处罚的理由。如果行为人主观上根本没有这种想法，那么刑法层面根本不能考虑这种好的附随效果。

周致力：在现实场景中，行为人会说自己至少有中性的目的。

钱列阳：那就需要证据了，还是得回到证据上。行为人需要证明自己为了让出租车司机解决生活困难，而打了一辆出租车实施犯罪行为，并支付了出租车费。难道能说免罪的理由是我支付了车费，让出租车司机完成了这个月的任务额吗？这显然是不成立的。

交易求好坏，是非求辨别

周致力：我们稍微概括一下，这里体现的是交易行为的边界问题。对于交易行为所导致的危害，刑法与金融的理解存在差异。刑法认为，只要行为破坏了秩序，即便其附随结果带来了客观上的好处，也不能改变其危害性质；而金融领域可能从结果主义或功利主义的视角看待这一问题。

钱列阳：金融行业的基本价值取向就是盈利。金融本身是以盈利为目的的，不盈利的话，我从事金融工作干什么？我从事金融工作就是为了挣钱。

我们法律人要明白，执行法律的本意是为了实现公正，这是我们的根本目的。但是，法律这把利刃握在谁的手中，就得听从谁的安排。有时候，法律这把刀会被金融人、政治人握在手中。在刑事辩护中，我们经常与客户沟通，问他们到底追求的是是非还是好坏？认罪认罚不就是一种追求好坏的表现吗？为什么我们辩护律师对这个制度很反感？因为它违背了法律的初衷——追求是非。本来应该一切交给法庭，由法庭进行判决，但认罪认罚制度让有的当事人觉得，认罪就可以少判点，不认罪就会多判点，他们马上想到的是利益。检察官在与当事人进行认罪认罚的“交易”。

因此，交易只涉及好坏、利益的大小问题，而是非则是辨别问题，是黑色还是白色的问题。

周致力：是的，金融讲究的是利益观，而法律讲究的是是非观。

钱列阳：对。所以这是本质的差异。这也就像两个交叉的圆，我们一定是两个有交集的圈子，但又不是完全重合在一起的。

合法利益至上
（而非利益至上）

周致力：关于交易行为的危害性以及其受害人，在这两个核心观点上，刑法与金融的理解存在显著差异，因此其各自所界定的行为边界也不同，是这样吗？

钱列阳：是的。所以，我们必须在金融人利益至上的观点中融入法治化元素，即合法利益至上。我并不打算改变金融行业利益至上的特性，只是要告诉金融从业者们，你们必须追求合法利益，合法才是至上的。

周致力：而且，合法利益指的是法律认可并予以保护的各种正当的、不应被非法侵害的利益，它既包括看得见摸得着的财产，也包括无形的名声、隐私、家庭关系，还包括维持社会和市场正常运转所需要的公平规则和秩序。

钱列阳： 你不能说，我剪断了渔网，但是没有鱼跑掉，所以我的行为就是合法的。我们必须坚决打击行为犯和结果犯。金融人很容易理解结果犯，因为结果是可以量化的，但对于行为犯，他们往往难以理解。因为当他们以利益为标准时，他们追求的是看得见、摸得着、可量化的利益。所以，他们会问，我剪断渔网有什么损失？有哪条鱼从那个网兜里掉出来了？有吗？没有。这种思维往往成为他们抗辩的理由。

“利益”是机会、行为还是结果？

周致力：回到我们前面提及的职务侵占案件，为何我利用职权侵占了一个潜在的商业机会会构成犯罪？刑法实务中有一种观点认为，你侵占了公司可能获得的利益，这种利益即便只是不确定的可能性，你也不能侵占。

然而，对于“利益是确定的还是可能的”这一问题，金融人和法律人可能存在不同的理解。单从法律人角度来看，刑法实践中将这种侵占“可能归属于公司的利益”，都认定为职务侵占罪，但根据刑法传统理论，财产必须是确定的。理论、法条与实践之间存在显著的差异。

钱列阳：这不是可能的利益，而是必然的利益。为何这么说？这原本是公司的业务，必然由公司来做。至于公司能否做成，以及做成后能否盈利，这是第二个层次的问题。就像货比三家一样，客户找的就是你这个单位，这就是一个必然的利益。最后客户没来而选择别家，那是利益实现过程中的下一个层次，即商业选择。再下一个层次是，即便我们做成但赔钱了，那也不是拿你自己家公司和这家公司做五五分成的比较。因为你自己家的公司根本不在客户的选择范围内，所以你和客户的商业机会是零，这个机会是百分之百归属于公司的。

相反，如果客户在比较了几家公司后再做决定，那才有五五分的可能。这不算侵占，因为客户是在比较后才做决定的，而现在客户就是来找你，没有第二种可能，是必然的。你自己家的公司，原本不在客户的选择范围、比较视野内。所以这里分为三个层次：第一层是商业机会；第二层是得到机会后的服务质量；第三层是最后是否盈利，有的项目做完以后还赔钱。这是不能混淆的，这三个层次是不一样的。

周致力：机会、行为和结果，这三者有没有区分和差异？

钱列阳：金融可能更看重结果，由于这个结果的产生是基于使用权、操控权，所以第二层的行为也很重要。

周致力：这里引申出一个相关的问题，就是如何界定金融风险和犯罪风险？所有金融风险都是面向未来的，因为金融的本质是时间差。犯罪风险能全部面向未来，采纳预防刑法的观念吗？刑法是行为刑法，这种“行为”更多应当是面向过去，是基于过往（行为）表现与此时行为危害而作出的刑法评价。

钱列阳：继续以之前的职务侵占案为例，你自己家的公司根本没有商业机会，你利用职务便利，硬是强塞了一个商业机会，这就是对任职公司利益的侵害。

周致力：所以还是得从“机会的对等性”角度进行评价？

钱列阳：对。这就相当于，不能说因为隔壁那家公司是我家的公司，我现在任职这家公司，但我告诉客户，隔壁那家公司更好，不是这个概念。这种操作当然是违规，甚至是犯罪的。

金融三要素的反向运用：预防金融犯罪

赖崎：其实，如果我们深入剖析金融领域的底层要素，就会发现它并没有想象中的那么复杂。任何事物都可以被拆解为基础的要素。

金融主要包含三大要素：数据、科技和资本（钱）。金融的定义很简单，就是存款转化为投资的过程。

在金融领域，职务侵占的问题其实很简单。金融领域的钱通常不属于个人，也不属于金融从业者，它是存款。无论你从哪个角度看，这笔钱都不是你的，你只有特定的使用权。即使委托权限比较宽泛，理论上你也负有责任和义务。现在很多人建立资金池后，却认为这些钱是自己的，而不是公众的。他们认为只要自己能还上这笔钱，给出足够的兜底利益，就不算犯罪。

然而，这是不对的。因为你在扰乱我们的秩序，挑战金融制度。虽然你只是一个点，但你可能引发系统性风险。所以，我认为数据、科技、金融这三个维度必须属于三个独立的主体，不允许任何一个金融服务提供商同时拥有数据、科技和持牌权限。一旦这样，就像把一个黑盒子包装在黑屋子里，你看不清楚它。你一旦看清楚，已经为时已晚了。因为它充分利用了数据挖掘能力、科技能力以及金融服务的资金获取能力，就像一个雪球一样不断滚动。

因此，我认为要预防金融犯罪，最好的办法就是不允许持牌的金融服务机构过度开发自己的科技能力。你可以寻求与科技企业的合作，同时科技企业禁止持有金融服务的牌照。这是科技与金融的关系。另外，不允许金融机构拥有产业端和个人的交易数据，即不允许数据的所有权归属于金融机构。因为我们对数据的理解是很片面的，在 AI 时代对数据的理解和分析是完全不同的。我们可以用一个简单的数据片段还原出整个场景数据的状况，这是非常厉害的。

所以，最好的办法就是把数据、科技、金融三个主体分立，分别进行管理。

钱列阳：金融界应该实行三足鼎立。科技是能力，数据是土壤，牌照是天。

赖崎：我举个简单的例子，你再有科技能力，拿不到数据也白搭；你再有金融全牌照，没有科技和数据的结合，你也做不了。这是最理想的状况。

钱列阳：有牌照就不叫非法吸收公众存款，你自然就是合法的。

赖崎：所以，在三个要素中，金融代表着两个能力：第一个是吸收公众存款的能力，如银行；第二个是投资的能力。

钱列阳：简言之，金融就是从吸收存款到投资的过程。金，代表“存款”；融，代表“投资”。

赖崎：金融的定义就这么简短一句话。所有金融犯罪，实际上都离不开这句话。

钱列阳：存款是所有权，投资是使用权。你把你的存款（名词）拿到我这儿来，我进行投资（动词）。从“金”到“融”，核心在于“融”。

赖崎：打个比方，你的钱由我来操盘，对吧？我潜在的犯罪可能就藏在这句话里。首先，我到底有没有资格拿你的钱？我是不是私募？我有没有私募牌照？我有没有违法进行私募？其次，我是不是诈骗？我是不是非法吸收公众存款？这些都包含在里面了。持牌才有资格，而且持牌也有标准。

比如，安邦保险的案例，它就把国家给它的保险概念混淆了。它认为持有保险牌照就可以卖保险，但它持有的牌照是有限制的。比如，保险的总规模是多少？是可以做人身保险还是可以做财产保险？它把这个边界混淆了，扩大了保险规模。

另外，它把保险的钱挪作他用了。你通过内保外贷把钱搞到海外去了，这是不行的。如何保值增值、可以投资什么领域、不可以投资什么领域，保险资金是有明确规定的。比如，不可以去投上市公司、PE（私募股权投资），你说收益高，对不起，跟保险资金没关系。所以，它把这个资金实质混淆了，当然就是犯罪了。

这个很简单，就是看你是否超出了持牌范围，进行了违法的投资。那就是在投资的过程中，也许结果不违法，大家都满意。我把钱给你了，你把钱还给我了，还给了我超额收益，我很高兴。虽然赚了钱你也还回来了，但对不起，你在这个过程中把钱拿到别的地方去了，就属于违法，典型的就是挪用和侵占。

钱列阳：因为你未经我的同意，让我的资金承担了风险，收益却被你拿走了。

赖崎：这里面又有一个很典型的问题，就是传统的犯罪肯定要造成事实上的损失和伤害，但金融犯罪不需要。金融犯罪不能仅仅以结果来论，因为你的行为会扰乱金融市场，是对制度的挑战。你最后可能造成的是系统性金融风险。随着你的规模做大，你以为没有风险，并不是真的没有风险。结果没有造成损失，并不代表你没有产生风险，你还是产生了风险的。

所以，从这个角度来说，哪怕他拿自己的钱贴回去，让人家没有受损失，但某种程度上还是违反了规则。不过，他是刑事犯罪，还是违规行为，应该如何进行惩处，这是不一样的。有些属于行政处罚的范畴，有些属于入刑的范畴。

周致力：赖总，您认为罚和刑两者是否可以通过量化标准进行区分？

赖崎：不能仅通过量和化进行区分。其难点在于，金融领域的违规行为不能单纯以量化标准来界定，而应以潜在的伤害来区分。就像金融工具一样，虽然尚未扩大规模，造成的损失较小，但一旦规模扩大，行为被复制，对金融产生的风险可能是巨大的。

如何判断其危害性呢？举个简单的例子，我给你一把枪，你还没用，难道就不是非法持枪了吗？如果你说自己生产了一把土枪，只是当个玩具，为什么要对你严处？因为如果你的行为被复制，造成的伤害和社会危害是不可估量的。由于金融与科技、互联网结合紧密，其效益和模仿效应会非常强。

今天你在网上搞出点事情，明天可能就一下子爆了，P2P就是个典型例子。P2P 本身没有罪过，它是一种科技工具，但是如果没有监管，其被科技企业和互联网企业掌握在手里，其危害有多大？它瞬间就能辐射到上亿人。

周致力：所以，可不可以这样理解，您认为金融犯罪的底层逻辑不是秩序观，后来您谈到破坏和突破了制度，似乎又变成了制度观。但我听下来，您觉得底层逻辑其实是风险观。这样的概括是否准确？

赖崎：应该说有一定道理，但我更倾向于穿透金融的底层要素。金融的底层就是我刚才说的三大要素：数据、科技和金融。**金融是全世界最依赖数据的领域，无论是放款、支付、结算还是存款，金融全是数字，**从它产生开始就如此。

我们原来用多维度行为数据给一个人画像，比如，你有没有按章纳税、你多大年龄等。然后金融机构会根据这些数据给你信用卡贷款或其他贷款。金融高度依赖于数据，所以金融机构绝对不能拥有数据霸权，否则，即使是持牌金融机构也可能滥用数据，至少是垄断性利用数据。

你要知道，金融机构是资本的代表，它很有钱。以工商银行为例，其高科技人才有 2.5 万人。你真要跟它拼科技，是拼不赢的。我们应该绑住它的一只手，即数据来源必须属于合法的第三方。因为中国现在没有数据立法，没有明确数据主体是谁，但获得数据分析的权利必须采用合法购买的方式。这样就避免了垄断，因为工行可以买，建行也可以买同样的数据。

绑住它的一只手还不够，我们还要绑住它的脚。我所说的“绑住脚”，是指金融作为资本的代表，你如果跟它拼科技是拼不过的。所以，金融的科技必须限定在一定的范畴内，如自身系统、风险系统、安全系统等。科技应该利用这些领域，而不是放到金融领域作为一种工具。分析数据、挖掘数据这些能力，我要把它限制住，让它成为独立的第三方。

所以，我们把金融、科技与数据三个维度进行切分。你们观察一下国家这段时间的政策举措，为什么单独成立了国家数据局？又拆分了国家金融监督管理总局？然后，我们还有专门的科技部。我们已经在顶层对金融机构的监管进行了拆分。与数据和数据交易相关的，以后一定属于国家数据局；与金融和持牌相关的，一定归属于国家金融监督管理总局；与科技相关的，虽然现在只是科技部，但未来也会逐步对这三个要素进行进一步的拆分和理解。

换个角度来说，如果我是一个企图实施金融犯罪的人，要去策划这件事，我的成本就会变得很高。为什么呢？因为我需要在数据端、科技端、金融端这三个方面同时寻求创新和突破。

也就是说，我必须把这三个要素整合在一起，才能形成一个完整的服务于第三方的工具。我要实施一个金融行为，就必须有一个工具，这个工具需要具备集成数据收集能力和强大的算法科技能力，这是他们的强项。同时，我还得想办法把自己包装成一个金融持牌者。这样一来，难度就大大增加了。因为你在收集数据的过程中可能触发数据监管，实施金融行为的时候可能触及金融监管。

所以，要知道金融犯罪的核心在于科技能力。在单一要素领域犯罪就很难，因为你需要找到一个合作伙伴。区块链的特点是什么？它把你的账本全部拆开，这样你的犯罪成本就变高了。不是说账本不能改，而是你需要同时让所有人一起改。但换个角度来说，为什么金融犯罪的成本会增加？因为你需要在数据端、科技端和金融端都取得突破。当然，这不是不可能，只是成本很高。

周致力：赖总，您的分析角度很有哲学意味。不过，即使犯罪成本升高，但如果收益同步升高，那么也仍然存在犯罪的动力机制。

赖崎：确实如此。从刑法控制的角度来看，犯罪是不可能完全杜绝的。但我记得很早以前跟钱老师聊过天，世界上没有不能破获的犯罪，只是成本问题。为什么小偷小摸抓不了？因为不值得。我真要去抓还抓不到吗？动用天眼等系统，我肯定能逮到这个人。但他一共就偷了 1000 块钱或者 3000 块钱，刚刚达到这条线。公安也许会去劝说当事人以后注意一点，不要再上当受骗。为什么？因为我的成本跟收益是不匹配的。

金融就是个典型例子。为什么我们不做普惠金融？很简单，给一家核心企业放 3 亿元的贷款和给一家小微企业放 300 万元的贷款，我的成本是相同的。在传统金融领域，我的成本是相同的，但风险是不同的。能融资 3 亿元的企业，说明你有资产、有股票、有股权，你值钱。而融资 300 万元的小微企业，你没有资产。你说我为什么要签这个字，放这笔 300 万元的贷款？我宁愿去找那个能融资 3 亿元的企业。

金融和犯罪都特别强调成本和收益的比较。如果收益很大，当然就愿意去冒这个险、去投资。我把这三个维度都搞定，所以犯罪不可能完全杜绝，你只能不断地增加它的成本，即增加它的犯罪成本。

钱列阳：同样，对于犯罪来说，如果他赔钱了，他还从事财产犯罪干吗？就像印假钞，为什么不印 1 块钱、1 毛钱呢？因为成本太高了，印的都是 100 块钱、1000 块钱的。

赖崎：为什么很多人要去搞电信诈骗？很简单，成本很低，打电话就行了。有一定的成功概率，我不用概率万分之一，十万分之一就够了。但你怎么增加它的成本呢？这就很重要。其实不是入刑法的问题，诈骗本来就入了刑法。我个人有一个浅显的观点，在我们的通信领域，重罚通信企业，可能就解决了这个问题。

第一，买卖的数据；第二，诈骗电话根据概率就能识别。所以你可以罚通信企业，这样就会增加通信企业与诈骗者打通的成本。很简单的道理，他实施任何一次诈骗，如果都需要换一次手机号码，他就不干了。因为每个手机卡都有一个成本，他也算账。我要给 100 万个人打电话，那么我的通信成本就是我最大的成本。所以我要提高你的通信成本，你肯定就不实施通信诈骗了。

周致力：所以您的思路根本就不是从外部增加刑法对犯罪的惩罚成本，而是增加金融内部犯罪本身的成本。

赖崎：这就是我跟钱老师的区别。因为你们是法律人，而我们则是金融人（需要算账的）。你要我去骗 100 万个人，我需要给这 100 万个人每天发一次消息。我的成功概率是万分之零点五，就是 10 万人里面有 5 个人会上当。这时候我要计算，我给这 100 万个人发消息要花多少钱？我这个万分之零点五能骗到多少钱？我一算划不来，我干吗搞这个？我换成别的。

钱列阳：所以，杜绝财产犯罪最好的办法就是加大犯罪成本，让他觉得划不来。即使他不会被抓住，他实施犯罪行为要承担的成本和他可能的收益之间如果差异巨大，他的犯罪的动力也就没了。

犯罪成本问题

赖崎：成本包含几个维度，第一个是资金成本，我刚才已经提到了。第二个是时间成本。资金成本的增加和时间成本的上升必然会带来风险，增加你被发现的可能性。所以，任何金融诈骗都一定会考虑时间成本，他们往往打一枪换一个地方。如果你长时间留在某个地方，肯定会被逮住，这个综合成本就是最大的成本。另外，我们还要增加个体实施金融犯罪的难度。犯罪者也清楚，组织成员越多，被发现的风险也就越大。

真正危险的像中本聪[①]这样的，就是一个算法，玩一个游戏，最后请君入瓮。但这只是表面现象，潜在的金融犯罪在水底下太多了。

① 中本聪，比特币创始人，以匿名身份改变金融格局，开启区块链新时代。

钱列阳：科技就像枪支，数据就像弹药。所以，枪支和弹药分别存放在保险柜里，不能把弹药和枪支放在同一个保险柜里，否则一打开保险柜就具备开枪的能力。

赖崎：警察和军队的管理也是一样的，枪支和弹药绝对是两个人管理的，不能一个人同时管。这样可以遏制金融犯罪，至少能够降低金融犯罪的比例，增加其难度，同时也不会牺牲金融的流通性。为什么？因为这才叫让金融回到它的本位。

存款、贷款和支付是金融机构的三大主体业务。所以，金融其实是个很简单的东西，没有必要去深学，它不是一门自然科学，而是总结性的科学。金融的定义就是资金从存款到投资的过程。其他都是由此衍生出来的业务。比如，为了更好地吸收存款，我们创造了很多财富产品、表内产品、表外产品。支付是什么呢？汇又是什么呢？支付、结算、清算、清分等，最核心的还是贷款，你要把钱投出去才能赚取高额回报。

所以，金融犯罪也会集中在我刚才说的这三个维度。第一个维度是存款，你骗钱，诈骗或吸收公众存款；第二个维度是支付结算、清算、清分，支付宝获得高额回报主要是在支付领域；第三个维度是融资（贷款）业务。投行业务本质上就是融资业务。银行贷款是融资业务，股权融资、债权融资都是融资业务，资产证券化也是融资业务。就是找钱。拆开来就这么点东西，无非就是换了不同的名称，如保理、信托、保险等。保险是什么？其本质上就是吸收公众存款，转移和分担风险。没有牌照就是非法吸收，没有牌照你就是非法进行保险诈骗。所以，金融要回到它的本质，也就是这三项基础的、传统的业务。你要回到它的本质，才能保证系统性金融安全。

回归金融创新的本质

赖崎：过去一段时间，我们过度模仿美国，推行了大量所谓的创新。但这些创新，很多时候是在搬起石头砸自己的脚，因为我们忘记了金融的本质。你随便去问 100 个金融从业者，看他们能不能清楚地说出金融的核心业务和定义。他们学了一堆名词，像信托之类的，解释起来一套一套的，但实际上脱离了金融的本质。金融需要回归其本原。

科技，它是创新的源泉，是动力，就像一把枪。这把枪谁造得好，谁就在世界上最厉害。因为它代表的是效率，是风险控制，是核心竞争力。所以，科技才是关键。数据就像是弹药，枪造得再好，没有弹药也没有用。中国率先提出将数据作为核心生产要素，数据资产应该入表，这是中国的智慧。

中国并不缺乏能人，我们的“弯道超车”，就是利用中国体制的优势。就像土地一样，美国的土地一旦卖给别人，就无法动弹了，因为财产权神圣不可侵犯。但在中国，土地所有权归属于国家，我们可以拿开发权。将来，数据会比土地更值钱，因为你几乎可以通过数据分析出所有的东西，包括我们的健康状况。没有数据，就无法进行研究。你的枪造得再好，也得用弹药去试才知道好不好用。

将来的犯罪很可能会集中在数据和科技领域，且是以数据为中心的。举个例子，我自己的企业在做“数字通证”这个概念。数字资产是我们率先提出来的，后来我们把它升格为数字通证，即对我们的所有交易资产映射出一个数字资产。一旦银行认可了这个数字资产，就可以发一个通证，这个资产就值钱了，有实际价值了。

数字通证最核心的意义在于，它不需要依赖于任何货币。你随便找一个对应物，只要我们两个人认可就可以了。这实际上是去掉了我们所谓的法定货币化。举个例子，金融的本质是什么？就是养一头牛兑换两只羊，我们所有的金融都是由这个演变出来的。为了一头牛更好地兑换两只羊，我们找中间介质，找货币。我们先找到了交子作为货币，但交子得有对应物，是对应黄金还是对应白银？但实际上，数字通证以后，我不需要对应任何实物，我既可以对应石油，也可以对应比较稳定的钢材。我拿这个东西作为我的中间介质，你对应的银行一定是信用机构，这是毫无疑问的。但我也可以去掉银行，只要我们两个人认可就行了。所以，未来的洗钱会比想象得容易。因为我只要找到一个我们大家都认可的对应物，哪怕是一个乐高玩具，我都可以用它来进行交易。美国已经有这样的案例了，毒品交易就是以乐高为中间货币的。

只要有一个记账机制，保证记账不被篡改，算账算得清楚就行了。比如，我们本来承接了一段中国和俄罗斯之间的项目，这个项目要求整个交易过程不允许用人民币，也不允许使用俄罗斯的卢布，也不允许使用美元。怎么办？我们就采用以石油币为中心，两边银行记账的方式，记完账以后易货交易就行了。这不就绕过了所有的监管系统？但这必须是国家之间的行为。换个角度来说，如果我们两个人之间这么做，这不就是洗钱吗？我们把它称为新的“圆桌骑士”。我们 8 个人坐在这个桌子上，我们都记了账，只要记账就可以了，别的都不重要，兑不兑换都无所谓。你实际上可以买卖任何东西，所以它的核心是信任。另外，由于现在的技术，比如，我们用区块链作为底层账本，8 个人不可能同时篡改账本，因为各有各的小心思。所以，只要底层账本不变，如果你不守信用，就会被踢出这个系统，永远不可能再参与进来。

顶尖的金融犯罪采用的是这套规则。表面上一点都不违法，而且你抓到他违法也没用，因为你没有证据。

钱列阳：他们盗亦有道，就是说他们完全不考虑法律，但绝对考虑规则，考虑他们那套信用规则。

赖崎：钱律师是专门搞刑法的。举个简单的例子，难就难在什么地方？我们 6 个人，或者 8 个人，只是在喝茶聊天，记了一个你永远都看不懂的账本。即使你抓到其中 1 个人，也只能看到这个账本中的一堆乱码。因为它需要 8 个人的所有区块链组合起来，才能看到账本的全貌。第一个难题是账本极难拿到；第二个难题是所有的交易都在场外进行，跟这 8 个人一点儿关系都没有。你抓的是在底下实物交易毒品或者其他东西的人，但你根本跟他们构建不起关联来。

钱列阳：比起现行刑法来，这是一个更高的维度。现行刑法只能对付那些底层实际交易的人。

赖崎：所以，我认为：只要跟财产相关的，尤其是像我刚才说的贩毒行为或者洗钱行为，实际上，它的核心是金融犯罪。他获利，你可以理解为他是毒品交易的获利，但实际上这里面一定有一个庄家，他是以钱为获利的中心，要么就是洗钱，要么就是替你们记账。这个人非常关键。

我跟钱老师探讨过，在金融犯罪领域，不能完全依赖于证据，要允许依赖于推测。否则，你根本不可能找得到证据。当然，这个边界就极难把握。

钱列阳：在金融领域里，“让证据说话”这句话经常是无效的。因为证据说不出话来。

赖崎：对，证据真的说不出话来。而且他要毁掉证据变得非常容易。一个按钮，他就可以把这个账本销毁了。按照我国现行刑法，可能就证据不足了，你很难跟他关联起来。美国为什么跟币安达成妥协，罚款了事？也是因为你真的要去打这场官司的话，还不一定打得赢。要收集这个海量的定罪证据太难了。所以，美国采用的策略也很简单：要不你罚款妥协；要不你说你能打赢我政府也没关系，但我可以跟你打10年。我让你这个币安就不能再正常运营。所以，这些金融领域常见的就是交巨额的罚金了事。

这就是美国对付金融犯罪的方式，但在中国是不可行的。在中国，你怎么可能说认罚就拿钱买刑？

其实，在金融领域中，不能说它绝对错误。为什么？因为如果你真的能把金融犯罪分子的证据链全部摆出来，那这个犯罪分子也就不太高明了。真正高明的犯罪分子，你是抓不住他的。他甚至都不在国内住着。

赖崎：我们从金融从业者的维度以及高智商犯罪的维度理

解他们会干什么，然后如何防范他们干什么，如何提高他们做这件事情的成本。我觉得这个可能具有更大的社会效益。

钱列阳：对于金融犯罪问题，我们刑法叫抑制；而从金融的角度来看，是没有必要去犯罪，因为成本太高，没有必要去冒这个险。

赖崎：就像我如果不用冒任何风险，一个月能赚 100 万元，那我为什么要去冒巨大的风险，一个月只是多赚 400 万元呢？他肯定就会思考了：我没有必要这么做。但是，如果你让他用同样的成本赚到 500 万元，或者让他用更高的成本但一下子能赚到 1 亿元，你放心，他一定会去实施的，谁也拦不住。因为他觉得冒这个风险是值得的。

钱列阳：就是一个月不冒风险拿 100 万元，冒风险拿 101 万元，他应该也不会去干了，因为动机就没了。

赖崎：在金融领域中有一个不成文的理解：如果你增加一个参数来判断一个事物的准确度，那么增加这个参数的成本可能是前面所有参数的总成本。当然，这是一种比较虚拟的说法。换个角度来说，金融犯罪只要增加一个环节，那么就会极大地增加它的成本和风险。区块链的作用其实就是在某种程度上极大地增加了你篡改账本的成本。原来你自己或者会计就可以篡改账本，但现在变成了要上面 10 个人同时篡改，这个成本就指数级增加了。增加了这个成本，他就犹豫了，就麻烦了。

所以，我的观点是把（科技、数据、金融）三要素拆开来，其实是在增加成本。因为你必须寻找到这样的合作伙伴，但你每增加一个合作伙伴，你的时间成本、风险成本和资金成本都在指数级地往上涨。所以你光有科技能力就不行了，还得左边牵手一个数据能力，右边牵手一个金融能力，可能才能够实施犯罪行为。

“消解动机”是最好的犯罪预防

钱列阳：我们刑法人一直致力于拆解犯罪手段，而赖总则着眼于消除犯罪动机，可谓釜底抽薪。我们往往只是在扬汤止沸，而他则是从根本上解决问题，让动机消失。说实话，金融界的人士思维灵活，你堵住他们 5 种手段，他们还能想出 8 种新手段，扬汤止沸难以奏效。但釜底抽薪则不同，一旦犯罪的经济成本过高，他们就觉得没有必要去犯罪。比如，如果我有 100 万元已经足够生活，那么为了多赚 1 万元而去冒险判 10 年刑，对他们来说就不划算。

赖崎：金融犯罪还有一个特点，就是犯罪者必须具备一定的资本实力，否则无法实施。

钱列阳：赖总提到的存、贷、汇这一金融流程，是我们交流中一个非常好的补充。金融究竟是什么？它其实就是从存款到投资的一个转化过程。我们的法律书籍中总是强调严防死守。

赖崎：从法律的角度来看，就像是洪水来了，你筑起一堵墙，希望堵住它。而金融界思考的是如何让洪水不发生，如何在其汇集之前就将其分散，从犯罪的萌芽状态就进行预防，要么杜绝其发生，要么将其掐灭在萌芽状态。

钱列阳：这就是金融的法治化。法治化不仅是一个简单的严防死守的堵漏过程，而是从源头上杜绝问题，将滔滔洪水转化为涓涓细流。

油画《陌上花开》

毫厘之失，千里之谬。

PART 4

第四部分

责任边界

刑法是底线思维，在治理金融犯罪时，要遵循谦抑原则，宁纵勿枉，保护金融行业人们创新的积极性。

违规与犯罪

某些金融人的思维中，往往只充斥着违规意识，而缺乏违法与犯罪意识。我曾经办理过一个操纵市场的案件，实施程序化交易的被告人后来到金融局报案，金融局随即对当事人处以 1000 万元的罚款。当事人二话不说，爽快地支付了罚款。他后来跟我说，他真正在意的，是各种炫技和技术探索，比如他能在一秒钟内敲下 6 个键盘键，然后数到三就立即撤单，这是他 20 年来摸索出的操作技能。

我想说的是，金融从业者们往往不关注刑法，像五道口金融学院这样的学府，至今在其课程设置中都没有金融刑法。因此，绝大多数金融从业者的认识观念中，只有违规被罚的概念。他们无知无畏，并不认为自己的行为会触犯刑法。在他们看来，如果干了某件事就能赢得一大笔钱，败了也只是面临罚款，那他们会愿意一试；但如果告诉他们，干了就可能触犯刑法，赢了钱也可能要进监狱，那他们是绝对不会去做的。这种对刑法的淡漠意识，以及对违规的容忍态度，是金融从业者普遍存在的认知状态。

共同犯罪的层次性

杨大康：刑法中有一个概念叫“共同故意”，但从金融角度来看，他们对“共同故意”的理解可能与刑法的理解存在差异。

钱列阳：犯罪的故意与行为的故意不能混为一谈。行为的故意一般不存在过失问题，行为肯定是有意的，但关键在于行为者是否明知该行为是犯罪。如果明知是犯罪仍然为之，那就具有了犯罪的故意。在金融犯罪案件中，除了主犯，对于从犯和帮助犯的认定，从律师的角度来看，他们是否具有对犯罪的主观明知，是律师辩护的一个关键点。

以非法吸收公众存款罪为例，公安机关一开始会抓捕大量涉案员工。这些具体接触受害人的员工即使不知道或不可能知道这个项目是否超越了公司的经营范围、是否跨越了金融的合法边界，也没有人会问老板交办的这个任务是不是犯罪。他们只是完成上面交办的任务。因此，在这种情况下，他们行为的主观故意能否达到刑法意义上的共同犯罪故意，我认为是值得商榷的。这就是行为的故意与犯罪的故意之间的分界线。

实际上，很多人是被利用的。金融领域往往有一个“寡头”式的人物，其他人都是执行者。这不是一个群策群力的团体，不需要那么多人共同商量如何去犯罪，而是一个孤家寡人，闷着头玩，以他的经验、知识和阅历发出一道道命令。副职、部门经理和跑腿的其实差别不大，都是执行者。因此，在这一类案件的共犯认定上要慎重。共犯的标准，我认为是刑法在接触金融时的一个薄弱环节。

刑法意义上的共同犯罪在金融领域的认定标准，是一个值得商榷的问题。回想起来，当年的传销案件一开始都被打入非法经营罪，结果一网打尽，一次抓上百人甚至几千人，连老大爷老大妈都给抓进来了。后来传销被定为组织领导传销组织罪，这是非常有智慧的一步。既减轻了非法经营这种“口袋罪”的压力，又实现了抓大放小，重点惩处组织者、领导者，其他被组织者则合法出罪。这实现了共同犯罪的层次区分。

我一直期待，像非法吸收公众存款、集资诈骗这种团伙型犯罪，可以考虑“抓大放小”，参考组织领导传销组织罪的处罚逻辑，区分出共同犯罪的不同层次。比如，设立“组织领导非法吸收公众存款罪”这样的罪名，而不是将所有人都一网打尽。其中有些人，他们确实接触客户，但可能刚入职三个月，领导或顶头上司叫他们干什么他们就干什么，他们完全不知道公司没有金融牌照，加上公司教给他们固定的销售话术，告诉他们有很高的收益。他们认为这是正常的公司经营活动，是产品推广。

杨大康：高管们有没有可能具有犯罪故意？

钱列阳：这要具体问题具体分析。这些高管中，有些人是知道或应当知道的，但有一些还真不一定知道。要看具体的非法吸收资金的金融产品、项目涉及哪些高管。刑法是行为刑法，要根据行为进行评价，要具体问题具体分析，不是一网打尽。

杨大康：听过一句话，领导和非领导的区别就在于你掌握的信息多少。有些公司领导没有到一定层级，是掌握不了某些信息的。

钱列阳：以e租宝案[①]为例，第一被告人丁某，他一手管吸纳资金的部门，一手管花钱的部门，左手不知道右手在干吗，

① e租宝案是以高额利息为诱饵，虚构融资租赁项目，非法吸收公众资金高达762亿元的庞氏骗局案件。

右手不知道左手在干吗。左手只需要把钱拿过来，放到他那里去，任务就完成了；右手不需要管这钱是怎么来的。结果实际上是非法吸收公众存款犯罪。高管可能具有非法吸收公众存款的故意，但没有诈骗的故意，因为你不知道钱怎么用。来钱的时候，他真不知道这钱怎么来的。以 A 的名义来，你用到 B 去，你不知道我是以 A 的名义来的；你只知道我告诉你，你把这个钱用到 B，下一笔钱你用到 C。至于这笔钱我是以 A 的名义还是以 B 或 C 的名义，你根本不知道。只有主犯第一被告人知道，他在管理上左手不碰右手、右手不碰左手，互相隔离。

所以，从金融犯罪的角度来看，你作为我左手的高管，知道超越了经营范围，认定非法吸收公众存款罪是可以的。但要认定集资诈骗罪，就需要认定你知道是以 A 的名义将钱用到 B 去，但实际上你根本不知道 B 是怎么用的。比如，我告诉你我们要投资一个农业项目，你去把这个钱给我吸纳过来，其实这些项目过来了以后，怎么投你完全不知道。所以这种时候，集资诈骗罪的要件在你这里是不具备的。你还发自内心地认为就是用于农业项目，并且是真心实意地在推广宣传。

周致力：金融交易跟传统的商品交易很重要的一个差别就在于，金融交易行为的流程长，环节多。因此就催生了您刚才谈的“主观明知的范围”问题。不同环节、不同链条上的人，知道的仅是部分信息。司法实践中在认定不同行为人明知范围的时候，应当差异化区分，不能简单地推定明知及其范围。

钱列阳：金融犯罪跟其他普通犯罪共犯的最大区别是，真正厉害的只有老板一人，他是总设计师。在金融领域里要具体问题具体分析。首先，每一个金融犯罪都有一套完整的设计路线图。普通的共犯——咱们哥几个去偷，结果突然被发现了，于是改为抢，抢了赶紧跑，再去劫个车——它是会变化的，而金融犯罪它有一套完整的起始点。所以我最关心的每次都是这个一号人物脑子里的构图。侦查指向、辩护指向也都是这方面，都在研究一号人物脑海里对这件事的全盘路线图，然后我再说这是什么性质。关于这种性质的界定，其告知范围存在明确区分：哪些信息属于必须要告知，哪些则完全无须告知。例如，在资金操作层面，若相关人员指示“将款项转至A账户或XX账户”，会计人员需完全按照一号人物的指令执行。

周致力：钱老师，回到实践场景，这种共犯认定的情况会不会引发或强化刑事辩护中的“口供中心主义”现象？如果对共犯的认定主要依靠“一把手”陈述的内容，他说我告诉了多大范围的人，就以他的口供去认定，有没有可能会助长口供中心主义的弊端？

钱列阳：这要综合客观证据进行审查。从逻辑上讲，他有没有必要告诉你。金融人的一个很大特点是，没必要的，我不会告诉你。这种金融寡头型的人往往是沉默内向型的人，他不是那种有一丁点儿事就到处宣传张扬的人。所以，如果我告诉你某信息，必有理由和目的。比如，为了使你做这件事的时候考虑得更全面，这时候我可能会把我的部分动机告诉你。而如果这件事与你无关，他真的就不必也不会告诉你，更不会全体大会集体讨论作出集体决定。

杨大康：我想到一个词——“期待可能性”。比如，有高管作为从犯，他就是被动按照上级的指令去做事，案发后从后往前推导能证明他是故意吗？

钱列阳：换句话说，要看他主观明知有没有证据证明。比如，我正好在洗手间的时候听到隔壁说了，或者是私下里某某告诉我了，有这样一个证据能证明我是知道的，那就不用说了。控方会说，虽然你不知道，但某某在洗手间洗手的时候告诉你了，有这个人的笔录作证，你可能就跑不了了。就是说我没法证明我不知道。一个人是没法证明自己没做什么的，而我们就要从逻辑上讲，有没有必要知道。作为一号人物，他做的事有没有必要让我知道？事实上，他是从哪里非法吸收来的钱，不需要也不必要告诉我，我只管花钱投资。

周致力：这里面也有两个很重要的层面：一个是业务层面，另一个是职权层面。比如，按照规章制度某人是副总，很多时候司法认定逻辑就说，基于你是副总，在你的职责范围内，执行人员应该将这一部分信息向你汇报，因此直接推定你知道（属于明知）。钱老师刚才谈的是一种业务逻辑，不是职权逻辑。基于实际管理职权所对应的信息知情范围来推定明知时，该如何区分这两者。

钱列阳：两个方面，如果按照我的职权范围是必然要知道的，我却不知道，举证责任在我。我的职责是 12345，对吧？你要让我说我知道 6，检察官你举证。但是我的职责是 12345，本案发生点是 5，基于职权职责我是都要知道的，我偏偏不知道，举证责任在我。这就是职责和行为对应关系的证明问题。职责是我就应当对 12345 全知道，而这个事儿如果发生点是 6，你可以说我知道，但是需要你充分举证。但如果发生点是 5，我说我不知道，就需要我自己举证证明。比如，某次会议讲到某个问题的时候，是我们核心圈儿上星期四下午 2 点开会，我应该到场，但是不巧我那天生病了，因此对该问题确实不知情。我需要举证证明当时不在场，你们几个参会的人后来也没有告诉我那个问题。尽管我是副总，那天核心班子会议我应该参加，但是我举证证明那天我生病缺席了。

周致力：实际上，证明责任分配问题经常混淆，尤其对于推定规则，不经意间会掺杂很多违反推定规则之处，如二次推定甚至多次推定。

钱列阳：所以这个时候往往举证责任在谁，谁就难以自证，举证责任就成了刑法评价的关键。本案中到底谁举证？你举不出证据证明你前天晚上吃了面条，所以你就吃了。

周致力：这也就是在公司管理层面应当更加严格的原因。金融领域与实体领域的公司管理差别很大，比如，一般的实体型公司内部管理留痕是比较严格的，有一套具体流程，而金融公司则相对松散自由。

钱列阳：我现在的想法和我半个小时前的想法发生了巨大变化，就是自己坐在那儿喝了杯茶，一拍脑袋就定了。

合法信息交流与犯罪共谋合意

周致力：一位私募金融大佬参加一个饭局，你可能觉得他什么都没说，或者只是讲了一些宏观的政策、放之四海而皆准的投资建议。但是在刑法领域，这很有可能被视为犯罪的共谋。钱老师，您怎么看?

钱列阳：你只需要说话，当说到某个关键点时，你的口气、语气，甚至是一个停顿，都可能传递出你想要表达的意思。这仍然是刑法中的一种沟通手段。

周致力：刑法对金融人的苛责程度似乎比较高，他们可能会觉得很委屈。比如，他们可能会说，按照刑法的观点，只要我是金融大佬，手里掌握着大量资金，那我饭也不能吃，耳朵也要塞起来，眼睛也要闭起来吗？

钱列阳：不完全是这样。如果你的眼神、说话的口气和语气，把信息传递到了你想传递的那个人的耳朵里，那么同一句话，即使十个人中有九个人可能没听明白，但只要那一个人听明白了，目的就达到了。只是因为我在说某个词的时候，语气稍微顿了一下，继续往下说，只要这一瞬间就够了。包括我们搞刑法的同行之间，有时候跟老百姓解释需要掰开揉碎了讲，但我们之间两句话就能达成一致。

周致力：在实务案件中，从证据层面很难证明一个眼神传达的意思和态度。对不同的人，可能会含有不同的意思。在真实场景中，日常生活交流与犯罪共谋合意往往几乎无法区分。

钱列阳：这是客观事实与法律事实的区分。客观事实是，我们同行之间在交流意见时，哪怕我在说的过程中，你们都在记录，你突然抬头看了我一眼，我就心领神会，知道我刚才讲的某个地方错了。你们都在记着，都在看着，有的人一看就知道这里有错误。刑法上的共谋，重要的一条是信息沟通交换的渠道和方式。在现实社会中，渠道和方式并不局限于白纸黑字和明确的语言沟通这两种。眼神一交流就心领神会，共谋就完成了。我只需要看你一眼，你马上就知道我已经接收到了你真正想要表达的核心信息，这就足够了。

被动型刑法扩张

周致力：对于这几年金融刑法的扩张，金融领域的人员提出了一种意见，他们认为刑法越来越宽泛了。

钱列阳：这种扩张要随着时代变化同步进行。法律本身是固定的，但它也具有能动性，不能僵化死板。否则，我们今天还在使用十二铜表法或清朝的刑法。刑法也应该有它创新和发展的一面，要适应新时代下在传统犯罪基础上涌现出的新犯罪手段，以及新的具有社会危害性的罪名。这两者在科技快速发展和社会变化下不断涌现，刑法需要及时补救，提出修正案，这并不是对刑法的滥用。

这种被动的刑法扩张，是符合时代发展要求的，也是边界理论中很重要的一个问题。你不能只强调创新而忽视规则。

换句话说，亡羊补牢，如果羊已经丢了，法无明文规定不为罪，那只羊就只能让它丢了。但接下来我们必须补牢，不能继续让羊丢。这就是刑法的作用。在金融科技领域，做一些防患于未然的立法是很困难的。法律要防患于未然，但实际上往往只能是先亡羊再补牢。世界各国都一样，因为科技的发展是不可控制的。比如，ChatGPT，10 年前谁想过什么叫 ChatGPT？这说明科技的发展往往出乎我们的意料。

“危害结果”的理解/思维差异

周致力：钱老师关于飞机和汽车的例子非常生动。这就像刑法与金融的关系，但飞机总有落地的一刻，当你到达机场，地面牵引车来接机时，你是否要遵守二维空间的规则？到了停机坪，按照地面规则，你是否要遵守刑法的规则？第二个更重要的问题是，这特别像我们金融与刑法对利益的理解差异。金融看重时空交换中的利益，但刑法人理解的是，利益总得有落地的时候，落地后的利益分配和归属会不会触犯刑法？这就像飞机落地了，你要不要遵守交通规则？怎么解决落地之后的问题？

钱列阳：飞机落地有两种情况，第一种情况是平安落地，此时必须在足够宽阔的机场停机坪降落，然后按照二维空间的规则行事，否则就会冲出停机坪，那就是突破边界了。第二种情况是，飞机由于各种原因迫降到地面，而不是正常的停机坪，撞到了街道或其他地方，驾驶员撞断了一条腿，从飞机残骸里爬出来。之后，救护车把你送到医院。你只要落地了，就得按照落地的二维规则行事。

但有些金融人说，救护车你不要来，我等着另外一架直升机过来把我从空中调走，调到其他地方去治疗。我说的是真实的案件。就是有的摔断一条腿的驾驶员拒绝接受二维空间的规则，也就是法律人的规则。他开飞机开惯了，看到的就是蓝天，所以他无法接受街道拐弯，还有楼房挡着过不去。因为他在空中的时候，这些都不在他眼里，他凌空而过习惯了。如今要坐进车里，他别提有多难受了，晃晃荡荡，车还得一会儿左拐一会儿右拐。他要直升机来把他直接接走。

周致力：这里确实存在金融与刑法理解的差异，那就是对危害结果的理解不一样。金融人可能认为，只有我坠毁了，没有任何直升机救援了，那才叫结束。但刑法人可能认为，你在空中明显偏离航向，俯冲的角度完全不同，刑法就要提前介入，因为你有坠毁的可能性，刑法就得来抓你，这是其一。其二，钱老师说的这个直升机来救你，是金融人理解的，别看我这摊子快要不行了，但还是很有输血被救活的可能。

刑法人认为，你都要坠毁了，我不认为你能被救得活，因此我要提前抓你。那么，怎么去弥合这种差异性？金融与刑法本质上的确存在很大的悖论。

钱列阳：金融人就像撞南墙一样，非要等到撞了南墙才回头。这个时候，我很难作为救护车司机说服那个断了腿的飞行员。飞机不会来救你，你得上救护车，我得送你去医院做接骨手术。因为他的世界观一直在三维空间，他在停机坪上看到很多直升机，所以他相信会有一架直升机来把他接走。

这个时候，二维空间的人几乎不可能在理论上说服三维空间的人，因为三维空间是更高的一个维度。三维空间的人要被说服，只有三维空间的教训告诉他，飞机不会来，你就老老实实按二维空间的规则做，上救护车去接骨头。但是没有人会对这个飞行员说这样的话，所以这个躺在地上断了腿的飞行员一直看着蓝天，等着直升机到来。而旁边苦口婆心的救护车司机就是无法说服他。

周致力：这能不能理解为，我们都有思维偏执的一面？比如，我理解的三维真正的高维度是什么？可上可下，上可进到四维，下可根据需要退到二维。

钱列阳：我作为飞机驾驶员，会经常想，不仅想航空，还想航天，但我不想当地面汽车司机，所以一般不会向下降维兼容。这里的三维就是专业、四维是运势，而这个运势包括科技之运。新的产品就是突然出现的人工智能，突然有ChatGPT、DeepSeek这些新技术了，这就是外层空间的四维之运。我作为飞机驾驶员，根本不羡慕F1方程式的驾驶员，但我期待有一天能把我选为宇航员。所有宇航员都是从优秀的飞行员中选拔出来的，飞行员永远想着有一天我要被提拔为航天员，那是我的荣耀，不是当汽车驾驶员，更不是当出租车司机，这是人性。我吃惯红烧肉了，在没有冰冷的现实告诉我，我再也吃不到红烧肉之前，我干吗跟着你吃咸菜？我之前顿顿都是山珍海味，所以你拿窝头和咸菜来，我干吗要吃？我相信马上又有红烧肉来了。只有现实告诉我，再也没有红烧肉了，我饿得要死了，这时才说给我窝头和咸菜吧。但在那一刻到来之前，你无法说服我。

实践出真知。金融人为什么优越感太强？因为他们的成长道路上几乎都是学霸，都是一路往上，如高考是状元，然后到金融学院上学。无论如何走出来都是高人一等，甚至高人三等的感觉。所以金融公司的一个特点是，金融人是主脑，底下人是执行的马仔。甭管你是副总经理，是部门经理，还是司机、秘书，在我眼里是一样的，你们都只是执行者。

周致力：从这个角度来讲的话，似乎刑法人可以主动走到他们的领域中去了解他们，但他们似乎不太能理解我们。

钱列阳：这就是我要成立紫华所、办论坛、办研修班等的原因。我一定要做的是刑法人的自我革新。因为公权力的变相加身，往往使我们故步自封。金融人因为他们很聪明，经济条件很好，也故步自封。这两个堡垒井水不犯河水，都很厉害、很清高。一个是权力，另一个是金钱和智慧。紫华所就是要在中国刑法圈里起到尖刀的作用。你背着手装酷，我得主动来跟你握手。山不过来，我向山走去。实际上，刑法的传统是非常保守的，刑法审判本身也是个消极的过程。在今天金融犯罪的形势中，我们是要主动出击的。

所以我主动把手伸过去，不是说发生了刑事案件，我做个辩护就完事了。而是我主动去了解金融人的特点、状况。同样，果园里的苹果树结的苹果，第一类人从苹果园门前的马路走过，看了一眼苹果树觉得挺漂亮。第二类人跑去摘一个苹果，咬一口觉得挺甜。第三类人会研究这棵苹果树是什么品种？适宜什么土壤？怎么个枝杈？怎么能结出这么多苹果，而且苹果还这么甜？研究这三类人可见，第一类人是浮光掠影地看一眼就走；第二类人局限于苹果；第三类人研究为什么会结这么多甜的苹果。紫华所想做的就是第三类人。

在这三类人中，紫华所想做的就是深入研究法律与金融的关系，即那两个看似来自完全不同的枝杈实际上又紧挨着的苹果，它们适宜的土壤是什么？它们的纹理是怎样的？金融人的思维模式就像苹果树主干的木纹。这个木纹和桃树的木纹、梨树的木纹、椰子树的木纹有本质的差别。这就是思维方式，刑法人的思维和金融人的思维，就是思维木纹的本质差别。所以我们要深入研究到木纹里。

文化传统、认知心理与规则意识

杨大康：在金融犯罪案件中，被告人往往是非常聪明的群体，他们倾向于亲力亲为，对任何事情不仅要知其然还要知其所以然，但在这个过程中，他们的判断与司法机关的判断有时会产生差异。这种实践中的现象，我想再深入了解一下。

钱列阳：我们所接触的民营企业家、金融高管等客户，人生经历造成他们往往不是言听计从，而是习惯于独立判断。他们是富一代，对于每一件事情，都必须知其所以然才能把控。如果他们不知其所以然，只是交给别人去办，那么今天得到的结论是对的，但万一明天得到的结论是错的呢？因此，他们必须亲自掌控这个过程，这已经成了他们的固定思维方式。

比如，当爬上山顶有 5 条路可走时，我们根据经验告诉他们走路线三是最快的，但他们一定会问为什么不走其他四条路。我需要花很多时间向他们解释，路线一也能走上去，但要绕三半圈；路线二也能走上去，但要绕大半圈；路线四走不通，只能到半山腰；路线五则会走到别的山上去。我要把这些都讲完，然后告诉他们只有走路线三才是可行的，这让我感到很累、很耗能。

当我们律师为这种极有主见、极聪明、极自负的人提供法律服务时，累的不是我找到路线三，而是我要满足他们的心理需要。否则，即使带着他们走到第三条路站在山顶，他们也会说："其实路线一也能上，路线二也能走，当时为什么不走那条路呢？走那条路可能更好。路线四和路线五其实也未尝不可。"

正因如此，怎么走路线三就成了一个问题。以我们的经验，什么时候必须走到哪个地方，在变天之前，要防止遇到陡坡发生泥石流，我们必须马上爬过去，跨过这个陡坡，这样后面天气再恶劣，也不会有发生泥石流的风险。这些都是我们爬山人的经验积累。但是，如果那天天气不好呢？或者那天天气很好，没有泥石流呢？我见过不少民营企业家，尤其是金融行业的这些人，他们极聪明，对于刑法这个领域可能不熟悉，但是对于别的领域是很有经验的。

杨大康：除了这种认知差异，还有没有其他因素导致他们陷入这种思维状态？

钱列阳：他们不会换位思考。这类人不会站在法官或检察官的角度思考问题，他们想当然地认为事情就应该如此，而不去想处在法官这个位置，不仅要按照法学理论做，还要按照司法实践做。理论上讲是要作出完美的判决，但在现实中，他的案子可能根本没有判无罪的空间，那个罪名不可能被拿掉，非法证据在本案中根本无法被排除，即使侦查工作中有瑕疵也不足以使侦查证据无效。

因此，实践中的法官不可能像法学院的学生解答法律案例题那样作出判决。法学院的学生是在二维空间白纸黑字地做题目，而法官是在三维空间，他必须基于现实考虑方方面面的关系。被告人从律师那里或者自学得到这些经验后，却想当然地认为法官既然读的是同一本法律书，遵照的是同一个法律，就应该按照他们所认为的去做。所以，他们认为自己不需要换位思考，更不需要知道法官在本案中所处的位置、可能怎么做和完全不可能怎么做，只是用二维的标准直接衡量。

不同案件类型，如普通案件、重点案件或专案，一线法官对判决的裁量空间是不同的。

我们老律师就会换位思考，不会对他们提出其达不到的要求。我们会完全站在法官的角度想明白，本案中，在当前这样的司法环境下，他实际的自由裁量权在五个权力要件中只有两个，另外三个虽然表面上有，但实际上他根本没有。所以我们会把重点或者我们提出的要求放在这一两个他有自由裁量权要件的范围内，希望尽可能作出有利于被告人的认定，而不会很理想地认为绝对无罪。但我刚才说的金融领域的这些人士，要么想不到这些层面，要么不愿接受这些层面。接受与认可，是两回事。

杨大康：在金融领域里，您上次谈到有些人只有违规概念，没有违法概念。

钱列阳：这是认知缺失。他们对刑法知识的认知，包括对法学理论、立法本意、法律条文在司法实践中的把握尺度等，确实存在不足，却想当然地、很自负地认为自己不可能违法犯罪。这种认知缺失在实务中带来的教训是很明显的。

杨大康：还有一种情况，就是他们会认为有一些规则的作用大于法律，比如，人脉可以比法律更能救赎他们？

钱列阳：在他们的成长道路上，很多时候成功就是靠人脉取得的。因此，他们把对规则的遵守放在很次要的位置，而把交情的深厚放在很重要的位置。总体来说，现在大家越来越重视规则，对违反规则的事情越来越不认同，尤其是在当前严监管的环境下，我觉得这种转变是对的。但是有些企业家可能内心会认为只要有人脉关系什么都可以办到，类似于袍哥文化与法治文化，它们是完全相反的。一个人来到这个世界上，首先是要生存；其次是要能生活下去。这时依赖的是规则、制度，还是哥们儿交情？就文化传统而论，中国和日本、西方这些国家形成了鲜明对照。

在袍哥文化中，个人的安全和发展是仰仗大哥的，大哥给我一切，所以我唯大哥马首是瞻，这是一种利益的交换规则。这时是非不重要，有没有良心都不重要，重要的是你得听大哥的，按照大哥说的做。大哥给了你安全感，给了你钱，给了你生存的空间。相反，在一个文明的社会里，它遵循的是法治规则。这时你不太需要处理人脉关系，你不想攀龙附凤，不想巴结领导，领导也不能把你开除。只要你不犯错误，你就可以在规则范围内朝九晚五地工作，踏踏实实地过好小日子。其实人类的文明更应该倾向于后者。什么叫幸福？体累心不累。如果体和心都累，那你就只是活着。当然，养尊处优、“躺平”是另一个话题。一个人独立生活，你一定要生存下去，要挣钱养活自己，所以体累是正常的。但心累不累呢？如果你的欲望太强烈，要削尖了脑袋往上爬，那你的心会很累。如果你不是这样的人，那么在一个文明社会里是不会心累的。你就踏踏实实过一辈子，做好你的工作。虽然工作很辛苦，但是退休以后会有所保障。这是人类文明社会应该有的样子。

一个健康的社会应该容得下绝大部分人过这样的生活。大多数人在大多数时候都是普通而平凡的。如果你想要当人中龙凤，那你的心确实会很累。否则，绝大部分人就应该是一日三餐、三饱两倒、踏踏实实工作，养活自己和家人，退休以后有保障。这是我们法治文明应当追求的目标，即让这样的中等收入群体成为社会的大部分。

杨大康：站在金融领域山巅级别的人，一开始可能也是相信这套文化的。

钱列阳：不一定是袍哥文化。有些金融人有他的独到之处，可能属于少数的天才，依靠自己的才华生存。而大部分民营企业家很能吃苦，自身并没有很强的天分，人很聪明也很能吃苦。他们能抓住机遇完成“第一桶金”的积累。有这种背景经历的人可能对关系的理解和把控就是一种袍哥文化，而不是法治文化。他们没有真正尝到破坏规则给自己带来的麻烦。有些客户被刑事拘留之后，在会见时跟我说：“钱律师，我要三年前认识你就好了。”我淡然一笑说：“三年前我们认识，我给你讲这些你听得进去吗？听不进去的。今天咱们俩隔着铁栅栏，你安安静静坐下来，我给你讲你听进去了。换在董事长办公室，你百忙中花十分钟召见我一下，我说这些你听得进吗？”更多时候他们可能是听了，但是没听进去。

杨大康：对于他们的认知，会不会认为很多问题都可以通过利益安排来解决，即使法律明文规定也不行？

钱列阳：我接触到的大量案件，当事人最后锒铛入狱。我分析他们的思维方式，很多人有这样的观念——人脉是铁轨，利益是火车。在这样的环境里，红绿灯的规则算什么？我只要火车不出轨，人脉的铁轨铺到了，利益的车厢里一箱货我就给你运过来了。这个时候你开不开绿灯都不重要，他们就是这样过来的。所以他们非常重视铁轨（人脉），开火车的人一定在意铁轨（人脉）；在意铁轨到不到位，只要铁轨能到，这一车皮的货我就能给你送到。所以现实中很多人就是靠这种方式解决了很多问题，然后成长起来。但法律人是讲规则的。

杨大康：是不是一些有留学背景的人也会忽视规则？

钱列阳：这完全与个人的商业才华息息相关。那些有过留学背景的人，他们的思路更为开阔，因此，他们对许多事情的判断往往会超越常人。这也反过来增强了他们的自负与自信。

杨大康：那有没有出现“水土不服”的情况呢？

钱列阳：这种情况比比皆是。有些海归回国后，将在美国华尔街的成功投资经验——那些曾为他们带来巨大盈利的模式，应用到中国却遭遇了挫败，甚至有的人因此锒铛入狱。这样的例子我们见了很多。究其原因，是因为他们在美国所作的一切都是基于美国的规则，而在中国，很多时候并不是平坦的柏油路，而是一条土路。在美国，只要高速公路铺到的地方，汽车就能畅行无阻；在中国，有些路却是土路，有人硬要开着法拉利在土路上行驶，很可能就翻车了，因为土路适合骑马通过。土生土长的农民企业家从小就赶马车，会骑马，所以他们在土路上能够顺利前行。

杨大康：您接触的这些金融犯罪当事人中，是男性居多还是女性居多呢？

钱列阳：应该说，金融思维和法律思维主要是基于理性判断。女性思维中，感性的成分往往占据了更高比例。因此，在女性中，不乏艺术家、舞蹈家、歌唱家。不同职业对理性与情感成分的要求是不同的。在法律和金融这些行业中，理性思维要占据很高的比例，这是职业的特点。

然而，在表演艺术、文学创作等领域，需要的是天马行空的思维，绘画也是如此。在这些领域里，女性感性成分的长处就得到了充分体现。像法学家、哲学家中，女性虽然并非没有，但是所占的比例很小。而且，你接触得多了就会发现，这些杰出的女性，她们的思维方式都比较理性。

金融合理性转化为刑法合法性

周致力：在前几次访谈中，我们侧重的是对金融人的理解，包括从辩护律师的角度进行探讨。而在司法结构关系中，还有一个非常重要的部分，那就是金融司法，它包括金融检察和金融审判这两个领域。那么，这群从事金融司法工作的人员，他们的思维方式与传统审判和检察思维是否存在差异呢？

钱列阳：我认为最大的差异在于，从事金融审判的检察官和法官，他们必须接受金融知识、金融理念以及金融思维的特点，并将这些融入他们固有的刑法思维和刑法理念中，形成一种合金钢般的思维方式。传统案件，如强奸案、杀人案、抢劫案等，可以单纯依靠刑事法律思维处理，这个时候不需要额外的知识结构，甚至他们不太需要深入考虑杀人犯的杀人动机是什么，因为杀人动机属于犯罪心理学的范畴。

金融案件则不同，我们需要深入理解金融人的想法。作为辩护律师，我们需要从金融人理性的金融思维中提炼出合理的成分，并探讨这些合理成分是否在合理性之上还具备合法性，这就是我们的辩护点。合理性是基础，我们需要在这个基础上继续上升到刑法的高度。合法性在上，合理性在下，底层逻辑是合理性，因为我们最终要在法庭上进行刑事辩护。在这个时候，我要讲述的不是它的合理性，而是它的合法性。如果我们能从 10 个合理性中提炼出 3 个合法性，那么这 3 个合法性就是我的辩护点。那 10 个合理性充其量只能作为量刑时从轻考虑的要点，但辩护必须上升到刑法的高度。所以，第一，我要了解金融人的金融思维；第二，在金融思维中找到它的合理性；第三，探讨这种合理性有无可能为刑法合法性，从而形成辩护要点。

探寻法条背后的立法本意

【实例 7】章某违法发放贷款案

公诉机关指控，2019~2020 年，被告人章某担任某城市商业银行行长。在章某任职期间的一起不良贷款重组过程中，为了化解银行的不良贷款风险，尽快完成不良贷款重组，章某在与贷款承接方的谈判中，决策同意释放抵押物，致使重组后的贷款抵押悬空。后因贷款承接方经营不善，无法偿还贷款，造成该城市商业银行损失 190 亿余元。

公诉机关认为，章某违反国家规定，在贷款发放过程中释放抵押物，造成特别重大损失，其行为已经触犯了《刑法》第 186 条之规定，应以违法发放贷款罪追究刑事责任。

周致力：您提出的是一个边界探索问题，即金融的合理性在何种条件下能够上升为刑法的合法性。逻辑再进一步推演，您认为什么样的金融合理性具备上升为刑法合法性的潜力？选择金融合理性的标准又是什么？

钱列阳：这涉及刑法知识中的立法法益问题。如果金融合理性的内涵与刑法法益的内涵能够相互衔接、贯通，那么这种金融合理性就有可能上升到合法性的层面。以具体案件为例，如果双方在金融或证券领域进行商业博弈，我作为其中一方，目标自然是赚取对方的资金。但关键在于，我赚取资金的方式是否合法。如果我的行为没有危害到第三方，也没有破坏现有的法律规则，比如，撤单交易未达到法定占比上限，那么我从对方那里赚取的资金既是合理的也是合法的。当这两者相互贯通时，就构成了无罪辩护的理由，因为行为既没有波及第三方，也没有破坏现行法律规则。现行规则中明确规定了某些数值限制，如交易占比不得超过 20%，而我的交易占比仅为 19%，这就是合法行为。

有时候，现行的金融政策可能存在漏洞，而我恰好发现并利用了这个漏洞，钻了规则的空子。在这种情况下，需要在刑法法益中的社会危害性与商业手段的合理性之间找到平衡点。我为了赚取你的钱，最终你损失了而我获利了，如果我的行为没有破坏规则，且没有损害第三方利益，那么这就是一个合法行为。

周致力：您提到的金融合理性向刑法合法性转化的过程中，核心交集点是社会危害性，这是法益的评价功能在起作用。

钱列阳：如果我能够打通这两者之间的联系，那么我就可以结合立法本意进行无罪辩护。当然，作为刑法的受害人，你可能会感到不满，因为你也遭受了损失。但我要说的是，这种损失是合法损失还是非法损失，取决于你所处的利益位置。立场决定利益，利益决定位置。

周致力：在您的观察中，相比传统犯罪审判领域，金融犯罪审判领域的司法人员是否表现出更大的容忍度？

钱列阳：我认为金融犯罪审判的检察官和法官有一个显著特点，那就是他们不太容易受到社会舆论和外界因素的影响。虽然有些金融犯罪案件会产生一定的社会影响，但是大多数金融犯罪案件由于专业壁垒较高，且其社会危害性和损失往往不是显而易见的，因此受到舆论压力的影响相对较小。比如，很少会有全国人民都关注某个内幕交易案件的情况，这就为纯粹的法律技术判断留出了更大的空间。这其实是对我们金融犯罪案件辩护律师最有吸引力的地方，因为在这个领域，我们有更大的发挥空间。有些案件由于政策和舆论压力的影响，很难实现平衡。相对而言，金融犯罪案件审判法官更容易在判决书中充分说理。

周致力：那么，金融法治化的空间是否会更大一些呢？

钱列阳：我不敢说一定会更大，但我认为判决书应该讲道理，让各方都能心服口服。专业壁垒越高，越可能为法律判断留出更大的空间。相反，如果专业壁垒较低，案件就可能更接近于全民公决。

周致力：是否存在一种悖论，即由于金融犯罪案件的专业性强，金融司法相关人员可能无法投入大量精力深入研究金融知识或金融思维，反而可能引发实践中的问题。比如，证监会认定函承担了案件定性的判断功能，可能导致刑行不分，从而压缩了刑事裁判本身的合法性及合理性？

钱列阳：在现阶段，从某种意义上说，金融监管人员比金融审判的法官更专业、水平更高。但我相信这只是暂时的。因为金融审判和金融公诉还处于起步阶段，未来金融审判领域推翻金融行政监管结论只是时间问题。司法权高于行政权，金融司法没有理由不充分行使自己的权力和利用自己的权力空间。这是我们法律人的职业属性。所以，今天金融法官可能会以行政监管领域的结论为准，那是因为他们的知识结构和人生经历中的金融成分太少。将来，如果有一批金融专业出身的人学习了刑法，走上了司法和审判的道路，他们和现在在金融监管领域工作的同学可能会处于不同的位置。但我认为，只要给金融法官留出足够的空间，他们否定金融监管行政结论只是时间问题。当一批越来越懂金融的专业人士走上公诉和审判岗位时，监管在他们心中的地位可能会逐渐降低。甚至他们可能师出同门，那么他们为什么要唯监管机构的结论马首是瞻呢？既然司法权与行政权彼此独立，那么只要有合法依据，他们就可以直接否定相应的结论。我对此保持乐观态度，只是时间问题。

周致力：以证券犯罪为例，一个客观存在的事实是，现在实际上是证监会的认定函这种行政意见主导了整个案件的定性判断。

钱列阳：那是因为公诉人和法官都是法律专业出身，而非金融专业出身。但随着金融审判的不断发展，我认为将来会有更多第一学历是金融、第二学历是法律的人才出现。在国外不也是这样吗？我现在越来越觉得，法律知识三年研究生学习就足够了，而基础知识的四年本科教育可以是金融或其他专业。我相信这一天会到来。

周致力：还有一个相关问题是，金融司法的专业化建设包括办案基地的集中管辖。上海金融法院是第一家，还有北京金融法院。不过，这两地的金融法院主要审理金融领域的民事和行政案件，突破了司法的地方性和区域性限制，但没有将金融刑事案件管辖权集中在金融法院。

钱列阳：以证券犯罪为例，由于案件数量较大、地域分布较广，全国有 8 家审判证券犯罪案件的基地。但是，刑事案件涉及被告人的羁押问题，因此刑事审判尽量就地解决或集中在几个办案基地解决。民事和商事案件的原被告双方都是自由人，直接集中在大城市管辖审理更为合理。刑事案件和民事、商事案件需要分开处理。如果金融犯罪案件都集中到上海或北京审理，那么看守所的压力就会很大，工作量和任务量都会显著增加，比如，运输成本就会非常高昂。这可能是出于方便司法管理等现实考虑。

周致力：如果由纯金融出身的司法人员（如金融庭的法官）审理金融犯罪案件，您认为这种情况如何？是否有助于更妥善地解决案件？

钱列阳：这要看这些审判长的刑法知识是否过关。如果他们的刑法知识不过关，就存在冤假错案的风险。为什么呢？因为他们的思维可能是用合理性代替合法性。合理性是他们的金融思维本能，而合法性是后天通过刑法知识修养获得的。刑法知识难道不是后天习得的吗？但每个人对每件事情的合理性判断是生来就有的，如良心、良知。合理性来自这些本能判断，而合法性则来自法学院的教育。

周致力：所以合理性可能更多的是先天的直觉，而合法性是后天的教育结果。

钱列阳：当然。谁生来就懂刑法呢？所以当一个人知识不足时，如果用合理性弥补合法性知识的缺失，那将是危险的。作为审判长，如果你应该具备五个方面的知识，但你只掌握了三个方面的知识，那么你不清楚或者理解得不深的另外两个方面的知识（如刑法的规定），就可能会本能地用合理性取代合法性。这样一来，冤假错案就可能出现。

起止是合法性，中间是合理性

周致力：相较而言，若用合法性取代合理性；或反之，两者皆有可能带来危害，那么，我们是否可以从“两害相权取其轻”的角度进行考量？

钱列阳：刑法作为法律之基，其地位至关重要。因为金融犯罪案件，本质上属于司法审判的范畴。我认为，金融的合理性，应更多地交由监管机构进行评判；而合法性，则应由法院进行裁决。金融机构的监管，无须过分拘泥于刑法的具体规定，而应更多地将金融法规及金融本身的合理性作为衡量标准。一旦案件进入金融刑事法庭，刑法便成为最终的裁断依据。无论前期的合理性如何，最终的收尾必须依据刑法。

周致力：这是典型的法律人，尤其是刑法人的思维方式。无论我们谈论合理性还是合法性，两者之外总有一个框架与边界在约束着我们。一方面，我们承认金融有其独特的特点和规律；另一方面，合法性不能让渡于合理性，尽管刑法的边界可能会适度放宽。合理性与合法性，始终在博弈。

钱列阳：始于合法，终于合法，这便是法治。起点和终点必须保持在同一个原点上，那就是必须合法，这是法治社会的基本要求。在这个过程中，可以有合理性的起伏及合法性与合理性的博弈，包括法律漏洞被金融利用的情况。法无明文规定不为罪，但绕了一圈，最终合法性仍然是我们的落脚点、归结点。

杨大康：合理性能够增强判决说理的充分性。当前的情形是，金融领域的人士往往难以理解裁判的完整逻辑。

钱列阳：说实话，如果审判人员的水平比原被告双方都高出一截，那么形成的判决就会让人心服口服，无话可说。我有过切身的体会，那是在我当律师第三四年的时候，我还涉足过仲裁领域。我曾作为原告，信心满满地参与了一个仲裁案件。我提出了 1、2、3 三条理由，认为非常站得住脚；对方律师则提出了 4、5、6 三条反驳意见，他也自信满满。然而，首席仲裁员——一位当时已经 70 岁的老人家（我还记得他姓曹）却说："申请人（原告）你的第 1、2 条是有道理的，但

第 3 条理由不足；被申请人的第 4、5 条是有道理的，但第 6 条理由不足。因此，这个裁决既要考虑到第 1、2 条的合理性，又要考虑到第 4、5 条的反驳性。”他最后作出了 7、8、9 三条裁决意见，让人心服口服，无话可说。

这就是老师和学生的差别。我自以为我的 3 条理由都站得住脚，但实际上我没有想到第 3 条有薄弱之处、有不对的地方；对方的第 4、5 条反驳得很有力，但我没想到第 6 条也有不对的地方。这位老师一针见血地指出了我的第 3 条和对方的第 6 条的问题，并进行了纠正，然后作出了 7、8、9 三条裁决意见。这样的裁决一裁终局，我走出仲裁庭的时候感觉像是上了一堂课一样，真的是一种被打败后的心服口服。我的水平确实没有人家高，实实在在地感觉这个仲裁员比我们双方律师的水平都高。结果出来的时候，我们不觉得委屈、冤枉，而是觉得很舒服、很佩服。

所以这个仲裁案件是我到今天都会经常回忆起的案件，后来那种感觉就再也没有找到过。金融审判法官如果能够达到这样的高度，那么被告人、辩护人、公诉人也一样会心服口服，无话可说。换言之，判决书里能够写出这样让人心服口服的理由，我认为是金融审判判决书的最高标准。这与“始于法、终于法”的道理一样，而且他们能够形成一个闭环。正因为没有能力讲清楚道理，所以才只能“始于法、终于法”；但当你有足够的自信讲道理的时候，“始于法、终于法”之间便可以融入适度的道理，这才是恰如其分的状态。

裁量权是法律留给合理性的空间

周致力：您认为金融审判中的自由裁量权更倾向于合理性还是合法性？

钱列阳：我认为是合理性。自由裁量权是依靠道理支撑的，如果仅仅依靠法律支撑，那就违背了裁量权存在的立法本意。法律设置裁量权，就是为了让法官在具体个案中能够讲道理，给了法官一个根据不同情况作出不同裁判的权力空间。比如，之所以这个案子你判了 4 年，而类似的案件却判了 6 年半，就是因为其中被告人的主观恶性不同，理由也不同。这个自由裁量权就是留给法官用良心讲道理的空间。法律是给定的状态，明确规定不能判 3 年以下也不能判 7 年以上，因此只能在 3~7 年裁量，这是法律的边界。裁量权就是法律留给道理的空间。

在这个时候，裁判结果可以是下限，也可以是上限。下限要有下限的道理，上限要有上限的理由，这考验的是法官的水平。这个水平，就体现在对金融逻辑、金融思维的理解上，当然也包括他个人的良知。越是有水平的法官，越不会机械地执法，越需要更大的自由裁量空间。越是没有水平的法官，越依赖于制度规则给他带来的权力。所以在基层执法的城管中，我们经常看到，由于他们思想内涵和知识储备不足，动不动就拿公权力授予他们的权力粗糙、机械地执法。

周致力：如果将合理性和合法性比作一个时钟的钟摆，从您的观察来看，有哪些因素会影响钟摆偏向合理性多一点，或者偏向合法性多一点？

钱列阳：法治社会越成熟，就越追求合理性；法治社会越幼稚，就越追求合法性。合法性是骨架子，合理性是骨架子上的皮肉。所以，瘦骨嶙峋的人只有一副骨架和一张皮，而健壮的人骨架子上有发达的肌肉。你喜欢哪种人？骨架都一样，但骨架上有没有肉，这是有很大差别的。在合法性的框架内，合理性越多越好，骨架子外面的肌肉越发达越好。实际上，一个健康的、文明的法治社会，遵守法律只是 60 分的底线，而 70 分、80 分、90 分则是看他的肌肉，以及他的情理、道理。如果每个人都以底线为高线，每门考试都及格了，但每门都是60分，你能说他是个好学生吗？所以，情理、道理是在底线基础上的上限。底线法律只是60分，不及格还得补考，还得承担责任。

周致力：所以您觉得，从个人到制度，包括到法律规则，成熟的表现是合理性，而不是合法性？

钱列阳：当然。就像我们法律人都知道的，一个国家的发达程度看什么？看民法典，而不是刑法典。一个社会文明发达的标志是民法典的发达，而不是刑法典的发达，这一点不能忘。

比如，为什么法国经济发达？那是因为当年拿破仑搞出了一部民法典，成为人类文明的一个台阶、一个高峰。因为经济发达，交易发达，合理性越来越高，合理性越来越丰富，而不是做不成交易就一刀宰了你，把钱拿来，那没有任何合理性可言。那种暴力拿刀拦路抢劫的行为，只是袍哥文化的一种表现，说到底就是谁胳膊粗、拳头大，谁就有道理，但实际上哪有什么真正的道理可言。民法典的基础是讲道理，刑法应该是底线思维，不到万不得已不要用刑法。

如果突破了刑法的底线，人们就不信服了，60分的及格线也就失去了意义。我们刑法人要明白，要追求歌舞升平的状态，就要让刑法靠边站，而不是唱主角。唱主角的应该是经济，应该是歌舞升平的社会状态，而不是拿着刑法的刀到处吓人。金融也一样，一定是金融刑法，而不能是刑法金融。刑法只是底线，不是主角。主角是金融，把金融中的害群之马用刑法处理掉，但剩下的马还要继续狂奔。

周致力：有种观点认为，未来金融刑辩会走下坡路，其中一个理由是金融本身受到的约束越来越多，丧失了活力。

钱列阳：这种可能性是存在的，但这并不是单纯刑法的原因。金融能不能发达，刑法是无法限制的。刑法对金融的制衡充其量只是扬汤止沸，经济的不发达才是金融萧条的釜底抽薪（根本原因）。刑法打击金融犯罪，说实话只是一个扬汤止沸的手段。因为绝大部分金融犯罪，刑法不是没发现就是有漏洞。因为金融一直在发展，尤其在金融科技领域，我们讲到的科技和大数据，只要放开了让其发展，刑法一定跟在金融的后面，不可能挡在前面，也挡不住。但是如果金融发展的动力没了，金融创新自然就没了。

金融是完全依托于经济的土壤而存在的。经济走下坡路了，其土壤就变薄了。人类社会文明走到今天，没有一个国家歌舞升平、人民安居乐业是在严刑酷法之下实现的。严刑酷法换来的是哪里有压迫哪里就有反抗。这是历史记载的事实与规律。

所以，根本就不是只靠刑法就能够有效治理社会。更理想的情形是，没有人想犯罪，没有必要犯罪，因为生活幸福安宁。一个人没有恐惧只是一时的，刑罚的威慑也只是一时的。但是，如果把人逼到去偷去抢的地步，即使你刚刚把我旁边的人抓起来了、判处死刑了，那种害怕也只是暂时的，对抗不了我不偷不抢就会饿死的状态。于是等你转过身去，我马上再偷一个馒头，因为挡不住饥饿。我之所以暂时不偷，是因为你刚刚把我旁边那个偷馒头的抓走了。

人们将法律作为武器，是因为遵从法治规则；也可能放下法律，拿起武器，那是因为我们遵从丛林法则。这是两面性的，既有文明的一面，也有野蛮的一面。取决于这个社会处于何种生存发展环境，按什么规则走。讲法治规则的时候，法律就是人们的武器；讲丛林规则的时候，人们可能会放下法律，拿起武器。我们作为法律人一直在努力追求的是法律规则，所以我们将法条作为武器，希望永远不要用到“丛林法则”。

司法的责任：效率还是公正？

钱列阳：法律人常常谈论效率和公正的矛盾，因为法官面临巨大的工作压力，案件积压严重。如果我们从更高的维度进行思考，司法的责任究竟是什么？应当是化解矛盾。公正和司法效率之间的矛盾，其实从社会角度评价是个伪命题。司法应当追求公正，如果不公正，虽然降低了司法成本，但是社会成本会大幅提高。矛盾没有解决，反而推向社会，极端的人可能会因此报复社会，矛盾就此转移。事实上，司法成本减1块钱，社会成本却可能增加10块钱，难道不是这样吗？司法的职责就是解决矛盾，就像清洁工一样，虽然浑身是灰，但是把房间打扫干净了，这就是职责所在。反之，如果你特别干净，屋子里却特别脏，这不是你的责任吗？这是失职。所以，我们应该把矛盾集中到这里来，然后解决它，使社会能够安定平稳地发展。

我们法律人不要总是站在自己的专业角度，谈论公正和效率的矛盾，这其实是个伪命题。为了降低司法成本，一名法官一年要处理几百件案子，忙不过来怎么办？那就应该增加法官名额，增加投入，增加财政拨款，增加办公场地。如果你没有把问题解决，没有做到案结事了，而是把矛盾推向社会，可能会引发更大的社会问题。媒体报道的极端案例，客观而言，民事判决本身可能没有错，但是矛盾没有解决，结果推向了社会，社会因此增加了多少成本？降低司法成本，提高社会成本，这恰恰是一条非常可怕的弯路。所以，不要老是讲降低司法成本，提高司法效率，这是个伪命题。我们不能只站在法律角度看问题，我们的职责是为社会解决矛盾。就像立法简单了，执法就会复杂；立法复杂了，执法就会简单。公诉复杂了，审判就会简单；公诉简单了，审判就会复杂。司法公正只是手段，让社会平稳发展才是目的。站在社会整体的高度，我们要超越司法看司法，要从社会角度看我们的社会责任是什么，那就是解决社会矛盾。

周致力：这种从社会层面出发的后果主义考量，是一种非常重要的思维方式。不能只看当下的收益，还要看到它可能造成的结果，而且是朝向未来的结果。就像金融也是朝向未来的投资逻辑一样。

钱列阳：所以司法人在讲法律效率和公正效率时，实际上应该像清洁工扫大街一样，想的是怎么把街扫干净，而不是想怎么让自己的衣服干净。

周致力：金融刑法的逻辑也是一样的，刑法不能为了效率图省事儿，将金融的合理性“一刀切”地都评价为不合法，这样可能会挫伤金融和经济的活力。

钱列阳：只要金融背后的经济发展强劲、土壤肥沃，金融就一定会活跃。金融活跃才能反过来引领经济更快地发展。在这个过程中，金融创新和金融犯罪就像手掌的手心手背。刑法在尊重金融发展规律的前提下，要尽可能地打击金融犯罪，同时保护金融创新。在创新和犯罪之间要画出一道横线，这永远是我们要面对的挑战，而不是把创新发展“一刀切”地切掉。只要保住金融的活力，保住积极性，社会整体就一定会向前发展。

周致力：这背后是否也折射出刑法傲慢的问题？本能地把这个因果关系理解为，刑事法网很严密、执法很规整，因此金融和经济都会发展得好。这种理解可能是倒果为因了。

钱列阳：这是刑法的本位主义思想，是职业带来的通病。好像把刑法搞好了，把人抓起来就好了。但我们更多的应该是树立服务意识、配角意识、底线意识。法律人真的是这个社会边缘上的人，不要站在中间。我们的身影越少越好，应该像门口的保安一样，拿着戒具站在边缘，而不是站在舞台中间。舞台中间应该是经济金融健康发展。

周致力：有种感受是，这几年金融刑法的修改提高了刑罚的威慑力度，但这种威慑是否能够有效解决金融领域的违法犯罪现象，还有待更长时段的观察。

钱列阳：金融人其实本能地回避刑法。我已经注意到了这种现象，一开始我以为我这个学刑法的在金融圈里会被他们很认真地询问某种行为会不会触犯刑法，但事实上他们根本就不会问。我觉得这方面可能是我想多了，他们可能觉得自己不太可能会触犯刑法。严密金融刑法的法网，就能直接解决问题，这可能是自我幻觉。

客观事实的基础是合理性，法律事实的基础是合法性

杨大康：在法律事实和客观事实之间，您认为金融领域更倾向于哪一个？

钱列阳：肯定是客观事实。金融所追求的效率和结果，都是基于客观事实的。在这个过程中，他们不会特别在意留痕，只关注最终的结果，即经济收益。换言之，对他们来说，很能接受一句话："不管白猫黑猫，抓住老鼠就是好猫。"而我们法律人更在意的是什么？是"君子爱财，取之有道"。你不觉得这两句话其实是相反的吗？"君子爱财，取之有道"，这个"道"就是法律之道，是法律的规则之道。而"不管白猫黑猫，抓住老鼠就是好猫"，那就没道，你只要逮到了就行。

所以，不出问题的时候，他们能够迅速地发展。

周致力：可不可以这样理解，法律事实是合法性的问题，而客观事实是合理性的问题？

钱列阳：客观事实的基础是合理，如果不合理，客观事实也不会存在，因为没有人会搬起石头砸自己的脚。法律事实的基础是合法。如果没有合理性，客观事实也像无源之水、无本之木，无法存在。金融人追求的是合理，这时候我们只能悄悄地告诉他们，你怎么做都行，但我得提醒你，有一个边界，你这棵树别长到篱笆外面去，出到篱笆外是有问题的。当然，篱笆内你随便长，这个篱笆就是法律。

周致力：金融思维其实就是概率决策。投资 10 个项目，不可能都赚。他们追求的就是只要有一两个赚就行了。而我们法律人则是一种完全决策、确定性思维，必须拿到一份证据，说一份话。

钱列阳：没有对错，这就是思维方式的差异。

杨大康：如果金融案件的客户问您，案子有多大把握，您会怎么回答？

钱列阳：我会说我没有把握。我告诉你有 90% 的把握，和告诉你有 10% 的把握，或者告诉你有 50% 的把握，你觉得有意义吗？你都无法验证。告诉你有 50% 的把握，等于没说。

告诉你有 90% 的把握，你觉得我这话可信吗？

因为有太多不可测的因素在未来的道路上，如某些证人证言的变化、国家形势政策的导向、法官个人的兴趣爱好等，这些都是不可预测的因素。我们可预测的就是现在白纸黑字的口供和证据。这些证据到庭审的时候，很多同案犯的口供和证言都会发生变化。所以，我回答这个问题本身是不负责任的。告诉你有 20% 的把握，你有什么感觉？告诉你有 35% 的把握，你又有什么感觉？因为这些人的认知能力和水平只到这里，所以我能理解他们问出幼稚的问题，但我不能容忍自己回答得幼稚。

有的时候，正面回答问题不如告诉对方，问题本身存在不合理性。然后，给他分析一下这个不合理性，让他能听懂、能接受。就像同一个数学问题，给小学生怎么解答？给中学生怎么解答？给大学生、研究生又怎么解答？这不是他们的水平问题，他们的学历就摆在那里。这是要考验我们的语言表达能力，看我们如何根据不同的对象，采用不同的方式表达。

“亡羊补牢”好过“防患未然”

周致力：2024 年 5 月，证监会发布了《证券市场程序化交易管理规定（试行）》。从这一监管新规的内容来看，监管口径似乎更加严格了。朋友圈里从事量化交易的朋友们都有些忐忑，对未来监管政策的走向与幅度把握不准。

钱列阳：法律是有局限性的。打击金融犯罪只是手段，保护金融创新才是目的。法律永远要为经济建设保驾护航。因此，我们的法律在规制金融行为的同时，也需要保护金融创新的积极性，使他们的试错成本降到最低，而不是动不动就面临牢狱之灾。我认为，这才是我们立法的宗旨，也是我们执法的目标。

从这个意义上讲，科技成果会以最快的速度融入金融领域。

就像前一段时间的人工智能技术，刚一出现，香港特别行政区就发生了一起案件，1.5亿港元通过一个视频会议就被转走了。最快的科研成果迅速被罪犯利用，但这绝不是我们因噎废食、阻碍金融科技成果进入金融领域的理由。相反，我们应该亡羊补牢，新的科技手段被某些罪犯使用，然后我们再继续完善法律、打击犯罪。

换言之，我们的法律是不可能走在科技成果之前的，不可能做到防患于未然。在金融犯罪领域，是更加做不到的，只能亡羊补牢。与其追求防患未然，不如踏踏实实地亡羊补牢。这恰恰是金融犯罪立法中我们要坚守的一个基本原则。不要处处想着防范，这是法律的传统思维，要防患于未然、预防为主、打击为辅。如果我们把重心放在防患于未然上，必然会带来一个负面效果，那就是阻碍科技的发展。如果我们禁止量化交易进入中国市场，那会怎么样？科技发展的动力就没了，这就是因噎废食。

所以我认为，从金融犯罪的辩护角度来看，恰恰应该保护金融创新的土壤，虽然难免会发生金融犯罪，但如果封死了，势必制约创新，那一定是得不偿失的。

周致力：这中间存在两难矛盾。站在金融的角度，不创新这个行业就没意义了；但创新又很容易触犯法律。站在刑法的角度也一样，典型的心理就是总觉得那个行为有“社会危害性”。这 5 个字很要命。如果刑法不管，怎么消除刑法人心里的那种不安全感？

钱列阳：我们应该在刑法和行政处罚之间放出一个中间层次，加宽行政处罚的边界，让刑法成为最后的底线。刑法换来的是牢狱之灾、人身自由的丧失；而行政处罚换来的是高额罚款，甚至倾家荡产。这是两种选择：一个是财产损失，另一个是人身损失。我们要打击金融犯罪，但刑法的打击应该是最后的底线，窄窄的一条。我们应该拉大行政处罚的边界，缩小刑法的边界。

周致力：现在的现象是，对于某一证券违法行为，先是证监会进行处罚，然后移送刑事司法制裁，最后还有股民的民事诉讼索赔。这是不是有违一事不二罚的原则？

钱列阳：从我的学术观点来看，我认为保护金融从业者金融创新的积极性是搞活国家经济，特别是激活民营资本的重要手段。我们不能把金融创新一棒子打死，否则经济这块土地就会板结、失去活力。因此，我认为我们越是从事法律工作的、越是手里拿着刑法这把刀的，越要在这个问题上慎行，不要动不动就挥起刑法的刀，而应该更多地让行政监管来规制。刑法只是底线。

越是武林中人，越是不那么好斗好战。“自古知兵非好战。”

我是做律师的，我越来越不喜欢为自己的事情去打官司。一个特级厨师，如果他自己一个人在家，他会用专业手段给自己做一大桌豪华隆重的饭菜吗？肯定不会。他可能只是为了填饱肚子，泡一碗方便面就算了。这是一种职业心理。我们越是整天摸着刑法这把刀的，越觉得要谨言慎行，不要轻易动刀。越是老司机，越是开车在大街上稳稳当当、慢慢悠悠；越是新司机，一脚油门就冲上主干道了，见谁超谁。实际上，这是一个规律性的问题。

作为刑事辩护律师，如果我还是希望天下有无数的贼，然后将其抓起来让我有大量的案源、足够的律师费，那我就不是执业30年的老律师了。我希望天下无讼。到了这个年龄阶段，我反而觉得保护金融从业者创新的积极性是金融行业的命脉所在。刑法恰恰是为了去掉坏的同时，要将保护他们创新的积极性作为终极目的，而不是所谓的斩草除根、截水断流。

所以，不是要把金融犯罪斩草除根，而是要留住金融活力这块土壤。哪怕它继续长虫子，我们该灭就灭，但绝不能把这块土壤变成盐碱地。一个法律人成熟的思想应该是刑法要收缩。如果现在还是一个重刑主义，天天强调刑法的扩张，就背离了我们探讨的初衷。

自古知兵非好战

周致力：如果说现状是刑法扩张过度，用刑法替代了行政法，出现了以刑代罚的情况，那么未来扩大行政处罚的边界，会不会出现反向的以行政处罚替代刑事制裁的情况？

钱列阳：这其实也是个问题。如何解决这个问题呢？我认为应该遵循宁纵勿枉的原则，在可刑罚追究可不刑罚追究的时候，要遵循谦抑原则。当可以判罪也可以行政处罚的时候，我认为就应该选择行政处罚。只有对那些必须追究的，才追究刑事责任。因为刑法是最后的防线。

如果把金融比作一个社会的肌肉，那么刑法就像包裹着肌肉的皮，而行政处罚则是皮与肌肉之间的肥肉，起到缓冲作用。皮不能太厚，它只是包裹住一切的底线，不能出圈。刑法就是这块皮，猪跑起来靠的是肌肉，但中间那层白白的肥肉是一个缓冲，行政处罚就应该在这个位置。无论如何，我们的底层逻辑都应该是两害相权取其轻，而不是两利相权取其重。刑法是底线思维，我们不可能考虑利益大小，利益判断是商人的事。法律人的职责是在两害之间权衡，选择较轻的那个。这是法律人和商人的职业差别。不到万不得已，能不用刑法就不用刑法，只有找不到不用刑法的理由时，才用刑法。

如果追问访谈的落脚点，那就是“自古知兵非好战”。如果治理金融犯罪的最后结果是金融创新也没了，那么可能带来的后果和付出的代价会更大。不同时期有不同的政策导向，这也是社会文明发展中的必经阶段。但我们不畏愁云遮望眼，该往哪里走还是往哪里走。这是一种成熟的思想状态。

我们应该允许亡羊，并及时补牢，而不做所谓的防患于未然。金融创新势不可当，与其抽刀断水水更流，不如静观其变，及时跟进，这才符合金融犯罪治理、金融行业治理的主导思想。然而，暴力犯罪则不一样，还是要防患于未然的，那是另外一种治理思想。在金融犯罪领域，面对金融行业，其科技创新、金融创新的积极性是中国经济发展的动力，我们的主导思想要变。我们应该根据金融特点定位法律人的未来位置，我们不是坐在中心位的，中心位是创新者坐的，我们是坐在边位，是保障者。

刑法人总有这种冲动，有了职权就容易放任其“异化”，谁敢不服？在金融创新领域，刑法人永远不能坐中心位，否则就是金融的悲哀。当然，这也确实会引发法律人内部的很多思考，如行刑边界的问题。未来如果行政处罚占的边界太大，也会带来很多问题。但这是下一步的问题，是刑法和行政法之间的边界划分问题。我们要合理考虑金融特点，证券、期货、基金各不相同，所以各自怎么划分边界、怎么处理关系，这是下一阶段需要解决的问题。

周致力：逻辑上，您是认为应该行政法优先？比如，推行证券法领域的行政和解制度？

钱列阳：政策是具有灵活性的。我们不畏浮云遮望眼，不因当前的形势改变基本的学术判断，这是一个人的思想风骨。只有这样，这本书才有意义和价值，才能经得起历史的考验。总体而言，我这些年办理金融犯罪案件多了以后，更加理解了“法律为经济建设保驾护航”这句话的正确性和重要性。也就是说，谁是主角？不是法律，是经济。法治社会是用法律制度治理社会，社会是主角，治理者不是主角。治理者是提供服务的，所以金融法律也同样如此，不能破坏金融创新的积极性。

我们向往美好，选择合理。合理是什么？是此时此刻的合理，不是千秋万代的合理。千秋万代是一种美好的愿景，但当前的合理是什么？是恰到好处还是什么？是有利于发展。明天形势变了，明天再改，但今天你必须这么做。明天下雪可以穿雪地鞋，后天又下雨了，可以穿雨鞋。这不等于今天你穿布鞋是错的。今天的天气适合穿布鞋，你就穿布鞋行走。心怀美好，选择合理。很多人将向往美好概括为全部，这是思维偏狭。在今天真实的天气情况之下，脚上的这双布鞋就是最合理的选择，也是最美好的选择，这才是一个成熟的体系。

可以不知道做什么是对的，但是至少要知道做什么是错的

钱列阳：行政纠错的成本远低于刑法纠错的成本。留得青山在，不怕没柴烧。宁愿带着这个错误的行政优先的政策共存一段时间，也好过刑法一刀下去造成不可逆的后果。

其实想想，青是青，山是山，青只是此时此刻的颜色，到了秋天就枯，就是黄色，到了冬天山上就可能是白色，但山始终是那座山。几亿年过去了，山还立在那里。然而人身上的衣服今天是绿的，明天是黄的，后天是白的，随四季换来换去。在青山眼里，所有的人都是过眼烟云、一粒风中的沙子，青山已经见过苏东坡，见过李白，见过所有一切。青山也见过你，将来还要见你的孙子、重孙子，见你的第八代儿孙。

我们所有这些人，在青山眼里就是一阵青烟飘然而过。

所以这座山根本不在乎你说它是青色，是黄色，还是白色，因为你在它眼里就是一粒沙，而它在你眼里是整个世界，你匆匆来到世界就这百十年，眼睛一闭，你的世界就结束了。就像一只昆虫在我们眼前飞过，很快它就消失，其实就是这么回事。

从人的谦卑谈到刑法人的谦卑，要诚恳接受我们不是万能的，而我们只是在特定时段做最好的自己。刑法要恰到好处地在这个时间段为金融、科技的发展保驾护航，仅此而已。所以我宁愿刑法是一种无用的状态，不用让它太积极了。有力量的手是见不到指甲的，是因为有力量的时候手都是握紧的。刑法不轻易出手，出手就让人丧失对抗能力。所以刑法这个手是不能轻易打出去的，引而不发的威慑作用远远大于它的实际作用。这个时候社会才是健康的。

“漂上来的浮游闪闪发光，沉下去的骨头默默无闻”，这是我年轻时候记住的一句谚语，在我脑子里放了很久。你是做闪闪发光的浮游，还是做沉下去的骨头？ 60 岁的我还是想做沉下去的骨头，我不想在这种表面上的中心位闪闪发光，把自己放到一个历史沉淀的角度，我们曾经也是冲浪儿，曾经也浪遏飞舟，这是我们生命的过程，但这个过程之后，应当逐渐把自己归位沉下来。

这就是我在律师博物馆的青年律师讲坛上，讲述青年律师的成长时谈到的，青年律师的成长顺序——从读书、读案、读人到读自己。就像一棵小树苗长出来，成长是成为一棵大树，成才是做成一把椅子，成器是卖个好价钱。和椅子一起长在树林里的其他树木，有很多都被当成柴劈了，而你被选中然后被高手雕琢，最后成了椅子，大多数跟你一起栽的树苗都已经成朽木了。所以成长、成才、成器，成功就是这样一个过程。

做律师的也是一样，通读案件最后读的是什么？知道我自己是谁。我通过外人自知，人贵有自知之明，这个“贵”字好贵的。很多人没有自知之明，很容易以为自己天下第一，一直以为天老大、我老二。所以这个时候，在你读完了自己，知道自己几斤几两以后，你再去看人，和年轻时候看人就不一样了，然后再去有选择地读案，通过案子再回归到书斋之中。暮年你又坐回书斋中，琅琅读书，静静地再拿起《西游记》《红楼梦》，这个时候无论外人怎么看，你这一辈子都是成功的，因为你在人世间走了一个循环，从读书读案读人读自己，再读自己读人读案读书。

想到见天地见众生，书还是当年的书，可是人不是当年的人了。读出的味道，隔了多年时光截然不同。这个时候，我越来越明白自己应该在什么位置，在社会这盘大棋中，我所从事的刑辩律师工作如棋盘上的兵，我的规则是在边上一步一格地走，人家马怎么跳、车怎么横冲直撞，我只有羡慕的份儿，但这不是我的规则，我的规则是过了河不能回头，然后每次只能走一格，我不能斜着跳，不能冲锋。在这盘象棋中我不是中心位，行走必须遵循象棋的整体规则。刑法人应当遵循边缘规则，主流是经济、科技，我们是给其做辅助的。

法律人的定位要恰到好处，到位不越位。刑法是有边界的，不是所向披靡天下无敌。有人提出刑法创新，刑法还能创新？乱用“创新”二字，不是什么都应当或者需要创新。刑法其实真的是亡羊后的补牢。

周致力：学界有种观点，正好印证了您前面谈到的话题，说历史学才是真正的未来学，只有朝向过去才能展望未来。回看历史，没有什么太创新的东西。自古以来就是朝代循环，更替过程中也有倒退。

钱列阳：这不是倒退，只是历史进程中的弯路。走一段弯路，但是“青山遮不住，毕竟东流去”。黄河蜿蜒曲折磅礴万里，不是从巴颜喀拉山一条直线直奔东海而来。谈到这儿，我想到现在金融人其实缺乏一种长远的信心，他看不清未来，也看不清历史，无法确切地知道创新空间在哪里。

杨大康：如果请您对金融人讲几句话，您会讲什么？

钱列阳：法律永远是底线，是保障。法律不是主流，不是中心位，而今天的所有这些沟沟坎坎，“千磨万击还坚劲，任尔东西南北风”，创新是本质。法律是为了不让河水泛滥的堤坝，但不是拦截坝。

杨大康：您谈到的很多内容，对年轻律师是非常受益的，尽管未必明白，其实我这么多年都是慢慢明白的。人有的时候得活到那个年龄才能明白。

钱列阳：我的大部分话在年轻人那里就是耳旁风，如过眼烟云。有的人能把它留下来，隔一段时间想想是对的；有的人就完全忘掉了，忘掉就忘掉了。

就像做数学题，一些自认为加减法做得很快的人，即使不背乘法口诀，他也能够以极快的速度把 9 个 9 相加的结果计算出来，但是他不知道“九九八十一”这个乘法口诀，他不背口诀。这里指的是着急赚钱着急出名的年轻人，因为他有一个加减法比别人快的优势，以至于他不去背乘法口诀，背不进去，他觉得自己无须背，有多少人是这种认知倾向？很多年轻人都是凭借经验有所成就，但经验也成为他更上一层楼的巨大的绊脚石。

从经验到思维，如果永远抱着自己曾经成功过的想法，就再也不会有未来。如果我今天张嘴闭嘴还在讲我怎么给刘某某辩护，你觉得还有意思吗？这说明我20年来还在原地踏步。我跟一些朋友聚会，判断他今天干得好不好，只需看一条，在饭桌上他是聊今天的工作还是聊昨天的辉煌，这是一条黄金标准。他如果一直聊过往的峥嵘岁月光辉业绩，说明他这些年事业是不顺利的，甚至是失败的。每个人都希望得到别人的认可。

有句话说得很好，真正的死亡是停止生长。现在最好的“死法”是“温水煮青蛙”。

周致力：不同的人成长路径不同，成长的方向与速度也不一样。

钱列阳：要警惕一种思维倾向，不要满眼都是五星级酒店，就忽略了地摊的社会价值。可能我们站的地方比较高，很少到地摊上去吃饭了，但那也是一种真实的状态。山顶的人可能已经习惯山顶的视角，忽略了很多人连半山腰都很少去。各个行业都是如此，我们要自我警惕，时时自省。

律师职业场景中，行为边界是用合法手段维护合法权益，不是用一切手段维护合法权益，更不是用一切手段维护权益。这个事项先得拆分好，边界是合法手段，维护合法权益，不能去对抗侦查机关，辩护律师的功能是制衡，而不是对抗、限制。这是一个辩护的本质问题。有句话是，“用前半生学会说话，用后半生学会闭嘴，可以不知道做什么是对的，但是至少要知道做什么是错的”。

后记

本书得以顺利成书出版，首先感谢杨大康先生和我夫人任阳女士的精心筹划和访谈安排，这为本书基本框架奠定了基础。其次衷心感谢本所周致力律师与我进行的深入专业交流，以及在思想碰撞中产生的独特见解。同时，也感谢常笑律师在案例提炼与整理过程中给予的宝贵支持。最后感谢金融界老朋友赖崎先生与我交流中给我的启迪、点拨。这一切，为本书从想法到说法再到做法提供了坚实的基础，再次深深感谢。就本书内容而言，是我 30 年律师职业回顾中提炼出的点滴感悟运用到金融犯罪领域的一点尝试和体会，不完善、不周密之处，恳请读者特别是金融专业人士批评、指正。

油画《向阳而生》